JN222276

父子家庭とともに歩んだ10年

NPO法人京都いえのこと勉強会／編

ぱるす出版

目　次

第 3 章 シングル父さんへの想い〜理事長講演の反響〜

第5章　座談会「10年間を振り返る」

NPO法人京都いえのこと勉強会

理事長　木本　努／副理事長　村井　孝次／事務局長　長尾　泰征
【ファシリテーター】
京都市市民活動総合センター 副センター長　土坂のり子

NPO法人ができるまで　**123**

シングルファーザーに対する施策がなかった　**125**

言葉に力があった　**127**

講演前には一言一句覚えてリハーサル　**128**

木本さんを応援したい気持ちで人が集まった　**129**

子どもの声も、父親の声も聴け　**131**

死別と離別ではケアの在り方が違う　**133**

「京都いえのこと勉強会」10年の歩み　**134**

同じような立場の誰かの一助に　**142**

おわりに　146

NPO法人 京都いえのこと勉強会　理事長　木本　努

は じ め に

　まず、本書の制作を支えてくださったすべての支援者の皆さまに、心より感謝申し上げます。クラウドファンディングという挑戦を通じて、多くの方々から温かいご支援や励ましのお言葉をいただきました。その一つひとつが私たちに大きな力を与え、本書を完成させることができました。

　本書は、2014年11月に設立し、2025年3月31日に解散する父子家庭支援のNPO法人「京都いえのこと勉強会」の10年間の歩みを記録したものです。

　この足掛け10年の活動を通じて、父子家庭の現状を少しでも多くの方に知っていただけたのではないかと感じています。当事者が声を上げなければ、その現状は気づかれないままです。しかし、気づいてもらうことで、何かが変わるかもしれない──その思いを胸に、私たちは活動を続けてきました。

　本書では、設立当初の想いをインタビュー形式で振り返っています。活動を支えてくださった理事の方々の声、活動を通じてつながったシングルファーザーの方々の経験談や、第三者の視点が重要だと感じて講演会にご参加いただいた方々からの感想も寄稿いただきました。

　私たちの活動を通じて、少しでも父子家庭の現状に理解が深まり、この本が新たな気づきや議論のきっかけとなることを願っています。そして、本書が父子家庭の研究を志す学生の資料として、あるいは父子家庭の当事者の方々にとって参考やヒントとなる一助となれば幸いです。

　クラウドファンディングという形で実現したこの本は、単なる「NPO法人の本」ではありません。それは、「支援者の皆さまとともに作り上げた本」です。この特別な一冊を、多くの方々に届けたいと心から願っています。

木本　努

第1章
10年間を振り返り

手探り、試行錯誤の10年 ・・・・・・・・・・・・・・・・・●

NPO法人京都いえのこと勉強会理事長　**木本　努**

―――――――――――――――――――――――― **別れは突然！**

2009年2月、妻の突然の死で3人の息子のシングルファーザーに。まさか自分がシングルファーザーになるとは思ってもいなかった。スマホはまだなかった時代、多くの人はSNSを使えなかった。

誰に相談していいのだろうか？

自分はどうなるのだろうか？

子どもは・・・・・・・？

仕事も大事だがその前に心のケアが必要！

が、その「心のケア」って何？　誰か道しるべになる人はいないの？こんなことを何度思ったことか。

当時、私は勤務先の社長に就任して3年目を迎えようとしていた。そんなときに、妻に、まさかのがん宣告。しかも、12日後に天国に逝くとは・・・・・。

企業戦士だった人間が仕事と家事子育ての両立をする。「無理だって」「出来るの？」と周りは勝手に思っている。私に「やるやらない」の選択肢はなかった。

会社のオーナーやそのファミリーからお世話になった。社長業と家事子育ての両立を始めるが、うまくいかなかった。誰しもが数か月、1年の期間をかけて仕事に復帰すると思っていた。私自身もそう思っていた。しかし以前のようにバリバリ仕事は出来なかった。自分が望む仕事、ま

た会社オーナーが望む仕事が出来なくなっていく。

そして遺族に対してのNGワードに人間関係は崩壊、悪気のない言葉がナイフに変わり、今で言うならグリーフハラスメントでアウトになる。

自分の経験を発信したい

結局、2013年10月に退職し1年間専業主夫になる。

自分の経験を発信したい。こんな思いが強くなった。

そんなとき先輩から、

「自分のことを発信するならNPO法人を設立しよう。法人格を取れば世間的に信用が出来る、活動も出来る」

というアドバイスをもらう。確かにそうかもしれない。会社の社長を辞めて1年間専業主夫になった私にとっては最高の発信の場だと思う。しかしそんなに簡単に設立出来るほど甘くはなかった。設立までは右往左往していた。

「私が苦労した家事を事業にしよう。プロ招いて一緒に学ぶ。事業内容が決まった。そこからは展開が早かったのを覚えている」

と、長尾事務局長は回想する。

全国的な広がり・・・が、落とし穴もあり

料理、裁縫、そうじ、洗濯の教室を展開していく。京都青年会議所でお世話になった先輩にお願いに行く。またダスキンの加盟店にもお願いに行った。皆、快く協力を約束してくれた。

こうしていろんな方とつながる。京都府、京都市、京都府社会福祉協議会、京都市社会福祉協議会ともだ。そのとき感じたのは京都市内に「父子家庭」をテーマにした団体がなかったことだ。京都府下には7か所父子家庭の団体が存在していたが、いずれもNPO法人ではなかった。もちろん各会の代表は父子家庭の現役や父子家庭のOBであった。

京都新聞や共同通信といったメディアに我々の活動が取り上げられ全国の方ともつながる。全国には、父子家庭支援のNPO法人は存在していた。しかし、当事者が代表をし、先頭に立って活動するNPO法人は

当法人だけだとわかる。

　ある方から連絡があった。

「色々とつながって利用すればいいんですよ」と。

　しかし「利用すれば・・・」に違和感を覚える。

　せっかく苦労して、沢山の方々のご協力をいただいて設立したNPO法人だ。「利用すればいい」というこの方の言葉には違和感がある。

　こういう方とは組むのを辞めようと思った。NPO法人を設立してからは色んな方から連絡があるが、迂闊に何でもOKを言うのはNGだと感じた。

相談内容は多種多様

　facebookのメッセンジャーやHPのインフォメーションに相談が来ることもあった。ただ、私が死別父子家庭なので死別父子家庭の方からの連絡ばかりであった。

　相談に乗るにしてもまずはお断りをする。

「自分の経験しかお伝え出来ないので」と。

　時には同じ死別父子家庭なのだが、お子さんが2人で娘さんと息子さん。娘さんの対応を相談されても、私は息子3人の子育てなので相談に乗れない。

「子育て」をワードに相談は出来るが、身体の変化の対応を相談されても乗れない。そういうときは死別父子で育った女性とつなげたりした。

　またお子さん2人で息子と娘さんの事例。息子さんには障がいがあり息子さんの対応を相談されるが、相談には乗れない。

「区役所や社会福祉協議会で相談されてはどうですか?」

　と私は助言する。

　時には辛さの比べ合いになることもあった。

「私は妻と死別し、子どもを2人育てています。子育てをヘルプしてもらっていた親の介護が入りWケアです。キモトさんより辛いです」

　と言われる。別に辛さの比べ合いはしていないのだが、そんな方も数名おられた。

　答えを求める方が多い。しかし私からはヒントしか出ない。話を聴かれてヒントと思っていただいて実践するのはご本人である。時には、

「答えを求めに来られてますか？　答えはないですよ。ヒントしか出ないですよ」

　と伝えたりする。

―――――――――――――――――――――― **表に出ない父子家庭**

　10年間活動し父子家庭の方とつながったのは15名ほど。京都で今でも連絡を取れるのは５名ほど。いかに父子家庭が出てこないかがわかる。これは自治体や民生児童委員さんが言われる。

「母子家庭の情報はわかるのですが、父子家庭の情報はまずないですよ」

　と。

「何故父子家庭の方は出てこられないのですか？」

　と聞かれる。というのは、

「私は父子家庭です」

　と言われる方はまずいないからだ。それは男のプライドだろうか。面倒だからだろうか。コミュニティーよりまず家ということなのだろうか。

　私は、男性独特のプライドではないかと思う。

―――――――――――――――――――― **先のことを心配しつつ**

　今後どんな政策がとられるのであろうか？

　共同親権になり父子家庭、母子家庭はどうなるのだろうか？

　またジェンダーレスになり名称はひとり親になるのだろうか？

　母子家庭は子育てが終ると寡婦になる。しかし父子家庭は寡夫にならない。

「まさか父子家庭OBと言うだろうか？」等々、色々な疑問に持ちながら父子家庭支援の「NPO法人京都いえのこと勉強会」は幕を下ろす。

理事長の人柄に惚れて ･･･････････････････ ●

NPO法人京都いえのこと勉強会副理事長　**村井　孝次**

ただ見守るだけしかできない

　身近な親友である木本君に突然襲いかかった困難と苦労。彼と知り合ったのは33歳のとき。まったくタイプが違う小生と何故か馬が合い周囲の人が不思議がる程の仲となり親友となっていった。

　ある日、奥さんが病に倒れて･･･という連絡があり、その 2 週間後に他界された。掛ける言葉も見つからず、正直言ってその時は何もしてあげられず、ただ側で彼を見守ることしか出来なかった自分に不甲斐なさを感じていた。

　でも彼は、持って生まれた責任感と誠実さで、急に受け入れざる得なかった家事・育児、そして社長業と休む間も無いほど家事と仕事にベストを尽くし続けた。

　ところが長年勤めた会社（オーナー）と見解の相違から「仕事か家事か」の選択に迫られ、まず子どもに向き合うと覚悟を決め会社を退社することになった。

「これからどうしていこうか」

　という状況に直面したとき、彼は、NPOを立ち上げて、父子家庭の現状を社会に認知してもらえるような活動をし、また行政サイドに対して母子家庭とは違う対応のあり方を見直してもらえる取り組みが出来たらという思いで設立の経緯に至ったと思う。

　そこには年齢差はあれど、木本君の人柄にほれ込んだ仲間が「彼のためなら」と多くの人が賛同して協力する形でNPO活動がスタートし10年間も継続した運営が出来た。

今後の仲間の活躍に期待

　この10年間で自分自身は、様々な事を学び、今の社会において　父子＝母子（ひとり親家庭は平等）ではない現実を目の当たりにし、少しで

も良き社会へ改善できたらと思って活動してきたが、その一助となれたのか答えは見つけられていない。

最近になって「育メン・育休」が話題に上がっているが、木本理事長が全国各地で実体験の講演や事業を多くの人々に語り行動してきた事で、一人でも理解や共感を得られたのであれば意義があったものと思う。

理事長はじめ仲間の皆さんNPOは解散となるが、それぞれが違う立場で引き続き社会問題に向きあっていただければと願っている。

最後になりますが、この10年間で社会的にもコロナ禍や戦争と大きく変化している状況化にある。この活動を通じて学んだのは『人は人のために』という思いを万人が持つことで、より良い社会を築いていくものと確信している。

理事長のパワーに圧倒される 〜 10年間を振り返り〜 ・●

NPO法人京都いえのこと勉強会副理事長　**福井　正興**

恥ずかしながら「父子家庭」という言葉は、私の身近にある言葉ではありませんでした。あるいは、無関心を装っていたように思います。情報が少なく可視化されていない課題が多くあることを知ると同時に、無関心でいてはいけないと考える機会を、10年前に青年会議所の先輩のお声がけで得ることができました。

子どものひとり親家庭の貧困率は先進国の中でも日本は最悪な水準だと聞いたことがあります。この貧困問題は、徐々にメディアで取り上げられるようになったとはいえ、正直知らないことだらけを痛感する10年でした。

最初にショックを受けたのは、シングルマザーには焦点を当てられることが多くても、シングルファザーが抱える問題は見過ごされがちであるという事実でした。

父子家庭になる以前の収入を維持するために仕事や働き方を変えるこ

とができず、その結果、育児に手が回らなくなるケースがあると知ったとき、自分の胸に手を当てたことを覚えています。

　父子家庭においては、家庭内における役割分担の考え方、男性中心の考え方がいまだに残る日本の社会課題、生活困難な方への支援のあり方など、多岐にわたる論点が山積したままです。子どもの育成に関する情報やサポートが不足しがちです。そのために経済的・精神的な負担が大きくなります。

　これらの課題を解決するためには、社会全体で理解を深め、支援制度を充実させることが必要です。それを実践した木本理事長のパワーと人柄に心が揺さぶられました。

　この国が抱えている問題に、一人でも多くの方が関心を持つ社会、他人事ではなく自分自身が何をするかが重要であるとの理解を得られるよう、個人としても努めて参りたいと思います。10年間、ありがとうございました。

父子家庭にもっと光を ～ 10年間を振り返り～ ・・・・・●

NPO法人京都いえのこと勉強会 理事　**石井　英治**

―――――――――――――――――― **学ぶことの多かった10年間**

　正直なところ、私は「理事」と言えることはほとんどできてなくて申し訳ない気持ちですが、私自身この10年間で「ひとり親」のことを多く勉強させていただいたことは確かです。

　木本理事長と私は同業他社で木本理事長が20歳からの付き合いで切磋琢磨した中です。木本理事長の奥様は結婚前に私の自宅で紹介していただき、（2人は）「結婚するんだろうな」と思っておりました

　ちなみに前の彼女も連れてきてくれましたが（笑）。その頃、私の3歳の息子をすごく可愛がり、

　「子どもが好きなんだなぁ」

　と思っていました。

終始冷静だった

　結婚され３人の子宝に恵まれて幸せど真ん中だった時に奥様が病に倒れられました。しかし、木本理事長は冷静でした（内心は違ったかもしれませんが、表向きはそう見えました）。

　病気がわかる少し前から毎日電話とメールで現状を伝えてくれましたが、残念ながら、祈り実らず残念なことでした。あまりにも急なことでした。

　そこから仕事と家庭（子育て）両立が始まりました。毎日が初体験の事ばかりで、周囲に手伝ってもらうこともあったのですが、自宅にかえればワンオペで、本当に大変だったようです。ただ出来るだけ人に頼らず「自分で子育する」事が元々の思いなのか、奥様とのスピリチュアル的事もあったのか、木本理事長はひとりで頑張っていたという印象です。

　それが仕事を辞めて子育てに専念する大きな決断が出来たエネルギーなのだと思います。奥様のお友達やママ友から色々教わったりして全く出来なかった料理も今や新米ママさんに教えたり出来るレベルのようです。もうすっかり「ママ」です。

もっと父子家庭に光をあてよう

　当時、小学校５年の長男を筆頭に男の子３人。今や３人とも立派な「男子」に成長しています。すばらしい子育てをしたなぁ、と感心しています。

　大変だったと思いますが、失礼ながら、神様は「超えられない試練は与えない」のだと、木本理事長を見て思っています。

　ひとり親の現状は、大半が母子家庭で父子家庭は母子家庭の10分の１ほどで少数です。

　男親は外に向かって話すことが少なく、そのために父子家庭は表に出てこないということが、この10年を通じてよくわかりました。

　また、家庭環境よってそれぞれが抱える事情は全然違います。家事や子どもたちのお世話をしてくれる人が周りにおられる方は仕事も変わらず出来るので、会社にも迷惑掛からないので普通に仕事が出来ます。しかし、周りに頼れずワンオペで家事育児を強いられる人は仕事との両立

は難しく低所得の方が多いのが現状です。

　行政には父子家庭の支援を今以上に考えて欲しいです。

　最後に、木本理事長にはこれから自分の人生をエンジョイして欲しいです。それは子どもたちも望んでいると思います。

いえのこと勉強会に参加して ・・・・・・・・・・・・・・●

NPO法人京都いえのこと勉強会 理事　**今西　政博**

―――――――――――――――――――――― **家族ぐるみでの交流**

　私が本会の理事を務めたのは、木本理事長と20数年来、京都青年会議所の委員会でご一緒させていただいたことからである。

　当時は家族ぐるみ（と言っても私は一人であったが）で、ほかの同じメンバー家族と毎年BBQや海水浴に出かけていた。まだ木本さんの3男の方は生まれておらず、妊活云々ということを話題にしていた頃である。

　その後、奥様のご不幸、前の会社の退職そしてNPOの立ち上げと、その時々に、応援はすれど、実質的なお手伝いはほとんど出来なかったが、NPOの理事にというお話をいただき、僅かでも何かお手伝いができれば、という気持ちで参加させていただいた。

―――――――――――――――――――――― **実感に乏しい私が・・・・**

「父子家庭」「ひとり親」など、このNPOに関わるまで、全く意識したこともなかったし、当然、その苦労なども考えたこともなかった。

　さらに、私はこの歳まで独身のため、子育ての苦労や喜び、悩み、下世話な事だが金銭的な事など経験値がなく、当会の理事会で子育てに関する議論や木本さんと子どもたちのお話を聞いていても、実感がなく、ましてや共感したり、意見したりなど全くできなかった。

　そんな私だったが、NPOの理事になり、まずは、知識だけではあるが、子育てについて親の苦労や課題など知り、学ぶことができたと感じてい

る。（ただし、年齢的にも変に知識先行になりずっと独身生活を送りそうだが）

　また、「父子家庭」や「ひとり親」の家庭の苦労やそれに対する課題、対応の在り方を僅かでも知り学ぶことができた。

行政側のきめ細かな対応の必要性

　さて活動をして感じたのは、子育て関連の制度や補助は、年々世論の高まりもあり、行政側もそれなり制度を進化させているのではあるが、縦割り行政のあやか、申請が必要であること、該当する方々に周知されておらず、それらが生かし切れていないし、そもそもそういう制度があることが知られていない。

　もう少し行政の側からの声掛けや案内がきめ細かくできないものだろうか？

ひとり親は特権にあらず

　一方、一部の方ではあるが、「ひとり親家庭」の当事者の方も他者を思いやることができていないのではないかと感じるところもある。

　と言うのは、子育ての事などいろいろな制度ができてきたのは非常に喜ばしく、働いてる中で親子さんの役に立つ制度はよいことなどだが、逆にその制度を逆手にとって、ひとり親の権利を主張してこられる方がおられる、ということを聞いた。

　子育てだから遅刻早退は当然、休暇も取れるのだから当然、という主張をされる。他にも子育て休暇等とるのは問題ないことだが、「入社即産休→育休」、そして「出社したとたんに退職」などという例もあると聞いた。

　制度で決められていることで、問題ある行動という事ではないが、何か釈然としない。

　もっと当事者も周りもお互い助け合って、助けられて皆の中で子育て、そして生活しているという、やさしい意識になれないかと思う。

　もちろんこのような例は、ごく一部の方たちだとは思うが、せっかくの制度がかえって悪い事のように捉えられるのも哀しいものである。

　さて、このNPOの活動は、木本さんの子育てが一段落するこの10年をもってひとまず一区切りを迎えるが、私事、いろんな家庭の事情の話しを聞くにつれ、少しではあるが意識できるようになったのは、少しばかり成長したかなと思う。

　周りにひょっとしたらひとり親の方がおられるかもしれない。そのようなご家族にお声がけし、何か手助けや、橋渡しが今後もできたらと思う。

終わりと始まりの繰り返し ・・・・・・・・・・・・・・・・●

NPO法人京都いえのこと勉強会 監事　**梅原　克彦**

―――――――――――――――――― フミコ夫人の病状を聞き衝撃

　2009年2月5日は、私が事務所を開業した日です。その前日、木本先輩からフミコさんの状況を伝えられました。私自身は前年の秋から開業準備をしていましたが、リーマショックで仕事がなかなか得ることができず、不安だらけの船出となる状況にあった中での先輩からの報告でした。

　35歳の時、自分自身が死を突き付けられる経験をしていたので、「死」に対する恐怖は他人よりも十分に感じていました。それだけに自身の厳しい状況と傍で見てきた先輩の苦しさとが重なり、つらい独立開業であったことを記憶しています。

―――――――――――――――――― 多くのことが始まった

　フミコさんの人生の卒業から始まったことはたくさんあったと思います。兼業主夫の始まり、そして、中小企業の社長の卒業後は専業主夫が始まりました。そんな5年間の経験がNPOという形で新たな始まりがあり、講演活動も始まりました。

時には突き放すことも

　NPOでは本職の関係から監事という役割をいただきました。設立時の手続に始まり、事業年度末の決算報告においては、かなり苦労されたと思います。当初はもう私自身でやったほうが早いわと思うことも、先輩に気づいてもらうために、代行することはせず、指摘だけしてご自身で調べてもらうようにしてもらいました。心苦しかったです。

　でも、きっと、主夫業の始まりも、NPOの始まりのようにたくさんの気づきに基づく経験となって、財産となったんだと思います。先輩の人柄から引き寄せる多くの出会いもそんな財産に含まれているんだと思います。

　NPOはその使命を終え、先輩もその役割から卒業となります。終わりがあるということは何かが始まるということですので、今後の木本先輩の始まりを楽しみにしています。

NPO法人と共に歩んだ10年の軌跡・・・・・・・・・・●

NPO法人京都いえのこと勉強会 事務局長　**長尾　泰征**

感じた、理事長の強い決意

　初めて理事長からNPO法人設立しようと思う、と言われた時、正直驚きました。日々3人の子育てに追われながらも仕事をし、睡眠時間もどんどん削られている姿を目の当たりにしていたからです。

　でも、父子家庭の現状を発信するという強い使命感をひしひしと感じ、

　「やるんやったら、事務局やるわ」

　と協力させてもらった。

　名前はどうしよう？

　どんな事業をしたら良いんやろ？

　設立の手続きはどうする？

　真面目な理事長に、

　「自分が困ったことを事業にしたら？」

と提案し、結果、「家事」をテーマに事業をしようとなり、名前も必然的に「家事＝いえのこと」と決まった。

――――――――――――――――― **これならいける！**

初めての「裁縫教室」は、人伝（ひとづて）で募集した「シングルファーザーの方」としたボタン付けだったが、針に糸すら通らず、何度も針で指を刺しながらも、笑顔いっぱい楽しそうにされている姿を見て、

「（この組織は）お役に立てそう！」

と感じたのである。

次に「男の料理教室」だ。

レシピを見て作る初めてのメニュー、先生に手解き（てほど）を受け悪戦苦闘しながらも作った料理は美味しかった。皆さんやっぱり楽しそう！

「これならいける！」

と強く感じたのである。

そして「父子家庭勉強会」では、父子家庭の現状や実態を知ってもらったり、支援されている企業の取組みを勉強した

最終的な目標としては、行政を巻き込み支援を得たかったが、「ひとり親」で一括りにされてしまい、達成されなかったのが残念だった。

――――――――― **コロナ禍がコロナ福に、功を奏したネット活用**

しかし、毎年テーマを変えて開催した。コロナ禍のため、人を集めての会が開けず、それなら、ということでネット配信した事で、逆に多くの方に興味を持ってもらえたことは、有意義であった。

この十年、社会も大きく変わり、男性の育休も市民権を得、男性も家事・育児をするのが当たり前になってきたのは、良い事だと思う。

NPOとしては、これで解散になるが、木本理事長の経験は、事業や講演を通じて多くの人の胸に響いたと思う。

身の回りに父子家庭の方がおられたら、是非皆さん、黙って支えてあげていただきたいと願っている。

大学生時代から会に参加 ・・・・・・・・・・・・・●

NPO法人京都いえのこと勉強会 研究員 **岡田　紗弥香**

木本理事長から１通のメール

　NPO法人いえのこと勉強会の10年間の多大なるご活躍と、足跡を記した書籍の出版、本当におめでとうございます。

　このような素敵な場に参加させて頂き、大学生の頃から研究員として活動にお供させて頂いた身として、大変光栄に思っております。

　勉強会との出会いは、「父子家庭」に関する卒業論文執筆に際して情報を集めていた頃、木本理事長のブログを拝見したことがきっかけです。

　研究を始めた約10年前は、父子家庭に関する研究論文等の文献がほとんどなく、勉強会の存在を知った私は藁にも縋る思いで木本理事長にメールを送ったのを覚えています。

　一通のメールから、数日後には木本様の講演会に同行させて頂き、その後も研究員として、この10年間の勉強会の活動を微力ながら応援させて頂き、貴重な体験を沢山させて頂きました。

父子家庭は身近な存在

　2021年に開催された第５回父子家庭勉強会では、父母が揃った家庭で育った第三者という立場からお話させて頂き、父子家庭で生きる人の生の声や、その生の声を聞いた人たちのリアルな反応を聞かせて頂きました。

　研究を始めた当初、私は父子家庭に対して〝身近にいない遠い存在〟〝かわいそう〟等と漠然としたネガティブなイメージがあったことと思います。

　当時は特に、研究論文や父子家庭に関するリアルな情報が少なく、父子家庭として生活する当事者の方々と生活上の様々なことについて話す機会もほとんどなく、私自身の父子家庭に対する漠然としたネガティブなイメージに繋がっていたのではないかと思います。

　しかし、父子家庭の研究や勉強会での活動を通し、父子家庭は決して〝身近にいない遠い存在〟ではなく、私たちも明日にでも当事者になり得ること、父母が揃った家庭や生活が〝当たり前〟ではないことに改めて気づかされました。

　また、父子で暮らす方々は決して〝かわいそう〟な存在ではなく、一緒にいる家族が少しでも笑顔になれるような生活を模索し続け、一層人との繋がりを大切に生きている存在であることを知ることができました。

　私にとって、父子家庭の研究や勉強会での活動が自分自身の家族を見つめ直したり、身近な大切な人やその家族のことを考えたりするきっかけとなり、それはひとり家庭で生きる人たちのみならず、父母が揃った家庭で生きる人たちにも得るものがあるはずと確信しています。

「勉強会」に感謝

　10年間に及び、父子家庭に生きる人の貴重な生の声とリアルな生活が記されたこの本が、私のように父子家庭や父子関係に関心を持つ方々だけではなく、家族を持つすべての人の元へ届きますように。

　また、今も、これからも父子家庭として生活する方々への糧となり、周囲と手を取りながら、笑顔で前に進んでいけますように。

　改めまして、大切なことを沢山学ばせて頂いた木本様といえのこと勉強会へ感謝の気持ちをお伝えしたいと思います。本当にありがとうございました。

第2章
10年間の活動報告

1　2014年度

父子家庭勉強会

【開催日時】2015年3月6日（金）19：00 ～ 20：30
【開催場所】ハートピア京都（京都府立総合社会福祉会館）
　　　　　604-0874　京都市中京区竹屋町通烏丸東入る清水町375番地

「第1回父子家庭勉強」を開催。父子家庭のリアルな現状を発信したいと思い、父子家庭で育った方の登壇をお願い出来ないかと考えた。

父子家庭で子育てをしている理事長、父子家庭で育った女性・男性に登壇していただいて、当事者としての想いを発信する。「どんな想いで育ったのか？」「当時の想いは？」とか。

理事長の三男の保育園時代のママ友が「実は私も母親を亡くして父子家庭で育ちました」と言われたことを思い出して登壇の依頼の連絡をすると「私でいいのですか？」と言われ登壇いただいた。

また京都青年会議所の後輩が「私は離別父子家庭で育ちました」と言われたので登壇の依頼の電話をすると「はい、わかりました」となり、父子家庭で子育てをしている親、父子家庭で育った子どものパネルディスカッションが出来る。

前半では、「父子家庭の現状」をデータに基づく解説をパワーポイントにて報告。後半では、当法人事務局長をコーディネーターに理事長と女性お2人の3人でのパネルディスカッション。

リアルな父子家庭の現状を聴くことができた。パネラーのお2人の経験談に驚きあり、頷きあり、笑いありの1時間だった。

講演後の感想として、「母子家庭の話は聞いたことがありましたが、

父子家庭の話を初めて聞きました」「これぞ父子家庭の現状の発信と言われる。当事者の発信は大事です。今後も京都いえのこと勉強会さんならではの事業をしてください」といったことが寄せられた。ただ、翌日電話連絡で「戦後はもっと大変だった。昨日の勉強会に登壇されている女性は恵まれすぎている」と延々と話される女性。NPO法人を取得したことは表に出ることで、賛否両論があっても受け止めないといけないのだと感じさせられた電話でもあった。

講演活動

2014年10月17日　公益社団法人京都青年会議所の10月例会で講演を行った。8年間世話になった団体での講演依頼に、「自分でいいのか」と疑問を抱きつつも、山下耕平委員長の要請で登壇。

　私は現役時代に家族よりも青年会議所の活動を優先していたこともあり、現役メンバーには相反する部分があると感じていたが、自らの経験が必要と思い講演をした。30名近いOBの参加は異例だったようだ。

【講演履歴】

　1月　京都市中央倫理法人会／2月　京都市倫理法人会／3月　ダスキン大河原／4月　エアーズ経営研究事務所／5月　京都洛西ロータリークラブ／6月　㈱ダスキン近畿ネットワーク／10月　公益社団法人京都青年会議所10月例会／12月　伏見ロータリークラブ、一般社団法人京都損害保険代理店業協会

Kondankai（懇談会）の準備

　【開催日時】2015年3月4日（金）10：30～12：00
　【開催場所】京都市葵児童館（北山ふれあいセンター）
　　　　　　　606-0846　京都市左京区下鴨北野々神町26-26

　4月から始める「kondankai」の打合せ。理事長の次男が通う中学校区の3つの小学校新3年生の保護者対象。子育てで一喜一憂する毎日。テーマを決めてフリートーク。

「子育ての現状」「ゲーム」「躾」「塾」などの話。PTAのクラス委員をしてるとお母さんの情報が一番とわかる。

近所に、親戚に、学校に父子家庭の情報がもらえないのか。参加されるお母さん方と子育て、学校の情報の共有が出来るのではないか。

親しいママ友に相談すると「一回開催しましょうか？面白いと思いますよ」と言われ開催したのが始まりだった。

開催場所、時間帯、声をかける人等々、色々と問題はあったが、それもクリアして4月からの開催をめざして準備をした。

メディア

10月29日　京都新聞社会面に「父子家庭　支え合おう」として取り上げられる。

11月27日　「女性セブン」（12月11日号）に「夫を遺して死ねますか？」の記事掲載

12月19日　共同通信社から取材。掲載新聞・掲載日は未定だったが「時の人」での掲載が決定。

2　2015年度

お父さんの料理教室

【開催日時】2015年5月23日（土）13：30 〜 16：00
【開催場所・協賛】ラ・キャリエールクッキングスクール
　　　　https：//www.taiwa.ac.jp/lacarriere/
　　　　604-8006　京都市中京区河原町二条下ル下丸屋町396番地の3

開催されている料理教室に参加させていただくのではなく、オリジナルに料理教室を開催。当法人のオリジナル料理教室になる。「普段料理をしていないお父さんも出来る料理をお願いします」と伝える。

いきなりハンバーグに挑戦をするのだが出来るのだろうかと不安になるが、事前に講師が料理。それがモニターに映され説明が入る。これならわかりやすい。

メニューは3品。①枝豆とうなぎのまぜごはん②コーン入り豆腐のミニハンバーグ③シャキシャキ千切大根とハムの和え物

　講師の先生の説明が約1時間。その後各自で料理開始。普段自宅で料理しているが、何か違う（笑）。基本を理解していないまま料理しているからだ。

　一品づつ仕上がる。1時間かけて終了。その後「いただきます！」とみんなで食べる。「なかなかいける！」の声あり。上手に出来たようで満足顔。

　初めての企画で「本当に出来るのかな？」と思いながら参加。先生の指導通りに進めていくと時間内に出来上がる。これにはさすがにビックリ。

お父さんの裁縫教室

【開催日時】2015年10月24日（土）10：30 〜 12：00
【開催場所・協賛】㈲谷口シャツ　http：//www.taniguchi-shirt.com/
　　　　　600-8028　京都市下京区河原町通松原下ル植松町710-5

　いえのこと（家事）で一番苦手なのは裁縫。学校からは「給食のエプロンの修理」が年2回。「無理だって、裁縫出来ない。玉結びが出来ない」

　少年野球と中学の部活からは「背番号付けをお願いします」という要請。「え？無理だって」となる。自宅でのシャツのボタン付け。無茶苦茶面倒と思っている。裁縫教室で習うと思っていた。しかしある友人は「ボタン付けは出来たけれど、アイロンかけが出来ない」と言う。裁縫教室で学びたいと思った。

　京都青年会議所の先輩である㈲谷口シャツさんの協力をいただき「お父さんの裁縫教室」を開催。参加者は6名。ボタン付けとアイロンかけを学ぶ。「裁縫は中学以来」の方が多く、またアイロンかけはみんな我流。

　ボタン付けは悪戦苦闘。針の穴に糸が通らない（笑）。「痛い！」。針が指に刺さる。先生の指導で「出来るかも？」が「出来ました」になるのだが難しい。

　アイロンかけはプロの技を学ぶ。「アイロンかけは裏からですか？」「裏からですよ」1時間30分の受講だがあっという間に終了。家に帰って早速実践！

【㈲谷口シャツさんからコメント】

　今迄仕事一筋で家事など全て奥様任せの木本家を突然襲った不幸。小さな子供達の世話をしながら家事と仕事の両立。同じ境遇の方も料理と裁縫が苦手な方が多く裁縫とシャツのアイロンがけの指導を私が受け持つ事になりました。

　数人のお父様方が弊社工房に集合し釦付け、ゼッケン付け、アイロンがけをお教えしました。我々は仕事ですから簡単にしますが、いざして頂くと「痛！指から血が出た」「釦がグラグラしている」小学生時代の家庭科の授業を思い出しました。

　何回も血だらけになりながら頑張って頂きました。アイロンがけはプレスの順通り練習して頂きました。不慣れな事を2〜3時間で覚えて頂くのは本当に大変だったと思います。ご自宅で思い出しながらそれこそ血の滲む思いで励まれた事と思います。

　この教室は2回開催しました。どれだけお役に立てたか分かりませんが、たまに思い出していただけたら幸いかと思います。木本さん、ご苦労様でした。

親子のクリスマスケーキ教室

【開催日時】2015年12月23日（水）13：30〜15：00
【開催場所・協賛】京都製菓技術専門学校　・ラ・キャリエールクッキングスクール
（2018年に移転され、現在京都製菓製パン技術専門学校に名称変更、住所も変更後のもの）
　　　616-8083　京都市右京区太秦安井西沢町4番5

　ラ・キャリエールクッキングスクールの担当者から「親子のクリスマスケーキ教室が開催されますがいかがですか？」と連絡があり参加することに。参加者の中にはシングルマザー、シングルファーザーも。

　普段、手作りのクリスマスケーキをクリスマスイブに食べることはない。ゆえに親子で作ることに価値があると思う。

　12組の家族、総勢32名が参加。

　スポンジケーキを焼きチョコレートクリームでデコレーション。2時間半で完成。子どもたちはもちろん保護者も大喜び。参加者から父子家庭の情報を得、活動が広がってくる。

　京都製菓技術専門学校のスタッフの皆様に感謝！

父子家庭勉強会

【開催日時】2016年3月10日（木）18：45～
【開催場所】ウイングス京都（京都男女共同参画センター）セミナー室B604-8147
　　　　　　604-8147　京都市中京区東洞院通六角下ル御射山町262

「ひとり親家庭をどう支援していくのか～あるべき姿と現状～」を開催。

　仕事とプライベートの両方を充実させる働き方や生き方が出来、やりがいがあり責任も持てる。子育てをしながら働ける企業ってあるのだろうか？

「子育てに優しい企業　京都」でネット検索するとワークライフバランス推奨企業にヒット。京都府モデルワーク・ライフ・バランス推進企業認証制度があることがわかった。

　勉強会までに3つの企業を訪問。また京都青年会議所現役メンバーにお願いしアンケートも実施。

　I部では活動報告、ワークライフバランス推進企業3社のインタビュー報告。国や行政の施策として京都労働局職業安定部職業対策課、京都市保健福祉局子育て支援部児童家庭課様からの説明。107社からご協力をいただいたアンケート結果報告。

　II部では、㈱堀場製作所理事・野崎治子氏と京都府文化生活部男女共同参画課・大谷学氏とひとり親（当法人理事長）3者でのパネルディスカッション実施。

「ひとり親家庭をどう支援していくのか」について出席者から意見を乞う。

野崎氏からは「一人で抱えない、信頼できる方にカミングアウトする。企業と社員は「信頼の貯金」で結ばれている」と。実は企業だけでなく、人との繋がりも「信頼の貯金」だと改めて感じさせられる。

大谷氏からは「必要な方に必要な情報が届いてないのが問題点。中小企業では自社で知恵を出され対応されているところもある」とのお話。

勉強不足を痛感。厚生労働大臣が認証する「子育てサポート企業」くるみんマークの存在も知らなかった。多くのことを気づかされた勉強会だった。

ワンオペの子育てをしている私にとっては仕事も子育ても大事。しかしバランスが難しいと感じる。企業の理解があれば仕事と子育ての両立は出来ると思っていた。上司に子育ての経験がない男性だと「また子どもが風邪？体調が悪い？」と、つい冷ややかな反応になりがち。

仕事の責任も重々理解はしている。シングルファーザーにとっては一番辛いところである。今後、ワークライフバランス推奨企業が増え、仕事と子育ての両立が気を遣わず出来る時代を望む。

アンケートにご協力いただいた企業各社、取材に協力いただいた土山印刷㈱、京つけもの西利、日本写真印刷㈱の各社に感謝。

Kondankai

【開催場所】京都市葵児童館（京都市地域子育て支援ステーション）　住所は前掲

4月22日（水）10：30〜12：00　3年生の保護者3名と葵児童館厚生員、京都市養正保育所子育て支援拠点事業担当者含め5名で「新学期」をテーマにフリートーク。

　新学期はクラス替え、担任の先生も変わり、子どもたちは新しいクラスで心機一転。ざわついていた教室も 3 年生から落ち着いた。保護者も楽しんで学校に行く姿を見て何かほっこり。でも子育ての悩みは一杯。地域密着することで親と親が繋がる。親の目が地域の子どもたちにとって防犯カメラに。やっぱり母親の情報は一番。

5月20日（水）10：30〜12：00　6 名の参加でテーマは「躾」。社員教育も親の躾が見え隠れしていた。参加者から「靴を揃える」「挨拶」は基本です！、と。ベテランのお母さんの言葉に子育てのヒントが一杯。

6月17日（水）10：30〜12：00　参加者は 6 名。テーマは「家のルール」。兄弟の構成でそれぞれの子育てが違う。子どもが 3 人のところは、長男、長女が優先。 2 人目が産まれるまで長男、長女は「王子様」「王女様」のように大事されている。その反動が・・・少し反省する子育て。「挨拶」や「時間を守る」が基本的な家のルールだった。それと「父子家庭」の情報をいただいた。やはりお母さんの情報は凄い！！

7月8日（水）10：30〜12：00　夏休み前でお母さん方は忙しいようで参加者 3 名。オブザーブで昨日取材のご依頼があったNHK京都放送局から 1 名参加。テーマは「夏休み」。約 1 カ月の夏休みは、親にとっては「恐怖の夏休み」(笑)。夏休みの過ごし方や宿題のスケジュールなど。

　フリートークで 1 時間半。NHKの方にも自身の経験を話していただく。

「スケジュールではなく、その日の自分の終わりを創るリストにされれば、子どもたちもわかりやすいと思いますが・・・」とアドバイスいただく。今日も情報一杯！

10月13日（水）10：30〜12：00　テーマは「 3 年生半年経過しました」。フリートーク。参加者 7 名。勉強のこと、学校での様子、男子と女子の違い等々。ギャングエイジになる前に反抗期に入った子ども、意地悪な子どもにみんな悩みが一杯。参加者の一人から「知り合いで父子家庭の方がおられます。いえのこと勉強会のことを伝えておきました」と。やっぱりママ友の繋がりは大事。NHK京都支局からの取材が入る。

11月11日（水）10：30〜12：00　参加者 6 名。テーマは「子育て

のお困りごと」。それぞれの家庭での兄弟ゲンカ、学校での友人関係、また地域での不審者のことなどが話題に上がった。とくに興味深かったのは不審者。「いますよね」とママ友の情報に「えぇ？」と驚く。父子家庭の情報も少しいただくが、それぞれの事情があるので難しい。10月の「Kondankai」の様子がNHK京都放送局で取り上げられる。放送日は未定だが11月中とのこと。

12月9日（水）10：30〜12：00　葵児童館から場所を移しPizzeria a Bar La Voceで開催。「クラスはおちついてますか？」でフリートーク。勉強、友達、予防接種など・・・。予防接種の話で「父子手帳が必要だと思います。母子手帳にカバーを付ける感じで父子手帳と記載され、行政からの支援などが添付されているものが必要だと思いますが」の問いかけに「必要ですね。シングルになった時にわかりませんよね・・・」。最後にまたまた父子家庭の情報をいただく。やっぱりお母さんの情報は凄い。

2016年1月13日（水）10：30〜12：00　参加者3名。今日のテーマはなく、他愛のない話だったが、少しびっくり。ママ友の存在は重要なので頻繁ではないが連絡を取る。しかし参加者から「幼稚園時代より小学校に行くと、実は話す場が減る。PTA役員をしていると別だが、参観日や各行事ぐらいです」「えぇ？」と声が出てしまった。新たな発見（笑）。

　子ども同士のつながりが親同士の繋がり。子どものことで共有出来ることが多い。次回からテーマが「子育ての悩み話しませんか？」となる。

2月10日（水）10：30〜12：00　参加者は5名。「子どものシグナル」についてフリートーク。「甘えたい」「淋しい」「かまって欲しい」「話を聴いて欲しい」と顔や仕草や態度で表現する子ども。はたして親はどこまで気づくことが出来るのか？　成長と共に変化する表現の仕方。参加者から「我家の対応」を教えてもらう。スキンシップにコミュニケーションが大事。今回も勉強になる。

3月16日（水）10：30〜12：00　NHKEテレ「ウワサの保護者会」に出演したおかげなのか参加者が増える。今日は「とんでもないこと」

でフリートーク。爆笑の連発。昨年の今頃は「3年生になればどうなるのか？」と保護者は不安。が、子どもたちの成長に驚き「落ち着きましたよね」と頷く参加者。まだまだ続きます子育て。

講演活動

2016年3月20日（土）　第30回日本助産学会学術集会のシンポジュウムと市民公開講座に登壇。

　地元京都で開催のため、京都で活動されている方を担当委員会の方が探され「父子家庭」で検索されると「京都いえのこと勉強会」のHPにたどりつかれたようだ。前年の春に登壇のオファー。しかし、どんなことをされているのか調べないまま受けたので調べるととんでもないことに。完全に場違い（笑）。

　本当はシンポジュウムだけの登壇だったが、何故か会長の推薦を受け市民公開講座にも登壇することになる。私が出来るのは今までの経験を発信することだけ。「お父さんからおとうさんになりました」で講演するのは初めて。

　何処まで伝わるのか少し心配だったが、参加者には伝わったような気がする。別に笑いを誘うワードなどはないのに笑いがあり、また子どものことを話すと涙ありだった。最後は長男からの手紙を担当の先生に代読していただく。場内はすすり泣く声があちらこちらで起こる。大変貴重な体験。助産学会の皆様方に感謝。

【講演履歴】
　2015年7月　京都モーニングロータリークラブ／9月　株式会社　ヒトミ／11月　宝塚市男女共同参画センター、ダスキン東北ブロック経営者勉強会／2016年3月　ダスキン宮城エリアキックオフ勉強会、第30回日本助産学会学術集会シンポジュウム、第30回日本助産学会学術集会市民公開講座

7月29日　NPO京都コミュニ
ティ放送「京都三条ラジオカ
フェ」に長尾事務局長と出演（放
送日8月9日（日）10：00～10：
30）。

8月24日　よみうりTV「かん
さい情報ねっとten」

12月10日　NHK京都支局「京いちにち」

12月11日　NHK大阪「おはよう関西」

2016年3月3日　NHKEテレ「ウワサの保護者会」に出演。昨年取材
を受けた京都支局担当ディレクターに「私、毎日BLOGをUPしている
のでドラマになりませんか？　朝ドラは無理ですか？」と提案。それに
対しては、「朝ドラはヒロインだから無理です（笑）」と。さらに「シン
グルファーザーの懇談会は出来ないのですか？」と提案。これには「一
度企画してみます」との答え。そして、1か月後に連絡があり「企画が
通りました。尾木ママの番組です」と。「シングルファーザー奮闘」がテー
マ。シングルファーザー4名が出演。

3　2016年度

お父さんの裁縫教室

【開催日時】2016年9月3日（土）10：30～12：00
【開催場所・協賛】㈲谷口シャツ（住所等は前掲）

　昨年引き続きアイロンかけ、ボタン付け。昨年ボタン付け実践するも、
最後の玉結びが上手く出来ない。玉結びを重点的に学ぶが完璧に出来な
い。㈲谷口シャツさまに今回も感謝。

お父さんの料理教室

【開催日時】2016年10月1日（土）13：00～15：00
【開催場所・協賛】ラ・キャリエールクッキングスクール（住所等は前掲）

　講師の先生と相談をしながらメニューを決定。翌日自宅で実践できるメニュー。「揚げ物でお願いできますか？」とリクエスト。

　メニューは 4 品。①かき揚げ丼、②定番から揚げ、③ほくほくサツマイモサラダ、④フルーツたっぷりゼリー

　唐揚げは勉強になる。いつも市販の唐揚げ粉を使用。今回で手作りの唐揚げが出来る。サツマイモサラダも子どもは食べてくれると思った。それとボイルではなく電子レンジを使用することで時短になることもわかる。4 品を仕上げるのに悪戦苦闘。

　第 1 回に参加されたシングルファーザーの方 2 名が昨年に続き参加。料理をしている時に情報交換も出来る。

　必要な方に情報が届くようにと思っているのだが、父子家庭の方にダイレクトに情報が届かない。京都市には父子家庭の情報があるのだが、個人情報になるのでダイレクトに案内を送ることが出来ない。今後父子家庭の方にどのように告知すればいいのかが課題。

親子のクリスマスケーキ料理教室

【開催日時】 2016年12月23日（金）13：00 ～ 15：00
【開催場所・協賛】 ラ・キャリエールクッキングスクール（住所等は前掲）

　30名参加（大人12名、子ども18名）。インフルエンザで急遽キャンセルもあり（私も三男インフルエンザのため欠席）。作るのはブッシュド.ノエル（生クリーム）。

Kondankai（懇談会）

【開催場所】 京都市地域子育て支援ステーション　京都市葵児童館（住所等は前掲）

4月20日（水）10：30 ～ 12：00　子育ての悩みを共有出来る場、またママ友から父子家庭の情報が得られる場として開催。

　母親目線になっている私（理事長）はたくさんの気づきをもらう。ママ友からは「子どもが小学校に行ってから、実は話す場があまりないんです。こんな場が必要です」と言われた。また父子家庭の情報も得ることができる。「やはり父子家庭はある！」

　「いつか男の子のKondankai（懇談会）を開催したい」と思う。

5月18日（水）10：30～12：00　場所は前回と同じ京都市葵児童館。参加者は過去最多9名。オブザーバーで「つどいの広場ぴーちくぱーちく」の施設長さんも参加。いつも通り、子育ての悩みでフリートーク。私が「女の子に嫌われない躾です。やっぱり女の子にもてない」と発言すると、参加者から「それなんですか？」と言われ、大笑い。

　ママ友はやっぱり凄い。お子さんの同級生に父子家庭と思われる方が気になり少し心配。なかなか声をかけられず。しかし少しのお節介で連絡先ゲット。「これでコミュニケーションとれる！」

6月15日（水）10：30～12：00　参加者6名。少しベテランのお母さんもオブザーで参加。「子育て失敗しました（笑）。やっぱり4年生は大事ですね」と。それぞれの子育て談義に気づきが一杯。最後は料理の話で盛り上がり。

7月6日（水）10：30～12：00　小学校、中学校の短縮授業のため参加者は3名。夏休みの過ごし方や、中学校の現状について話が盛り上がる。

9月14日（水）10：30～12：00　夏休みを挟んで2ヶ月ぶりの開催。11月にお世話になる京都市左京区社会福祉協議会の方がオブザーバーで参加。参加者7名。

　思春期を迎える4年生の悩み。今の間にコミュニケーションをとること。子どものとのコミュニケーションも各家庭それぞれ。子どもたちは夏休みで成長。親も成長しないと思う。

11月9日（水）10：30～12：00　参加者6名。「反抗期」「父親との距離感」などをフリートークで1時間30分。ママ友から「次男、三男の笑顔を写真で撮ることはお母さんと同じですよ」と大笑い。

2017年1月11日（水）10：30～12：00　参加者4名。初めての

参加者 1 名。新学期が始まり少しほっこり。4 月から私（木本）の三男が 5 年生に。クラス替えに担任も代わる。反抗期に入ったこどもたちの日常や、自宅での家事のこと、お父さんのこと。さらに私の次男の話をしたところ大爆笑。

　次男が昨年末のテスト期間前に地元のファストフード店で友達と勉強？　レジを対応された方がkondankai（懇談会）のメンバーのママ友。「次男さんお店に来られてましたよ」と前回の時に報告を受ける。次男にその事を伝えると「えぇ、何で知ってるの？」とびっくり。「地域の方に見られてるよ。悪いこと出来ないからね」と。

　改めて地域密着が大事と感じる。

2月8日（水）10：30〜12：00　参加者 3 名。ママ友から「働いておられる方が増えてきました。みんな子どもが高学年になるに連れ仕事されるようです。お母さん方は話す場がないと言われております。来年度は一度学校で開催しませんか？」と提案いただく。

講演活動

11月26日（土）　北山ふれあいセンターで開催された「子育てセミナー」に登壇。子育てのことを掘り下げての講演。妻が遺してくれたママ友との繋がり。ママ友に教わった育児は「育自」。地元での開催で顔見知りも多く、いつもより緊張し、涙、涙。

　最後にメッセージとして、

「ご主人、奥様に何かあった時に何が出来ますか？」

「奥様、もしご自身に何かあった時にご主人は何が出来ますか？」

「他人ごとではなく自分の事として考えてください。何時しか誰もが通る道です」で結ぶ。

【講演履歴】

　2016年4月　エアーズ経営研究事務所／6月　学校法人マクリン幼稚園／京都外国語大学英米学科／7月　株式会社村井建設安全協力会／9月　長岡京市人権推進課市民公開講座／10月　ダスキン岡山エリア勉強会／上智大学大阪サテライト校グリーフケア研究所人材養成講座／四日市市ひとり親家庭支援員福

祉協力協議会／11月　株式会社ダスキンユニホームサービス事業部全国大会／11月　京都市左京区社会福祉協議会シンポジュウム／11月　京都市基幹ステーション事業「子育てセミナー」／2017年　1月　某生命保険会社マネージャ研修／2月　四日市市川島地区青少年育成推進委員会

その他活動

2016年12月11日（日）「市縁堂（しえんどう）」参加。京都では様々なNPOが京都のまちをもっと楽しく、そして、安心して暮らせるまちにするための活動に取り組んでいる。市縁堂は、NPOによるプレゼンテーションで活動内容を知ってもらい、この取組「いいな！」と思ったら、その場で寄付し、NPOを応援できるイベント。

2016年で第4回目を迎える市縁堂は、子ども支援からまちづくり、国際協力まで、京都を中心に活動をしているさまざまな分野の団体が参加してプレゼンテーションを行っている。

日常生活の中で身近な課題（ほっとけないこと）に対して懸命に取組んでいるNPOの活動をぜひ知って頂き、応援してもらいたい。

そして当日、「市縁堂」で過去最高の寄附金を集める。寄付された方々に感謝。

12月15日「AC広告」コンペのお手伝い　NPO法人父子家庭サポートネットひろしまの松本さんの紹介で、武庫川女子大学からインタビューを受ける。父子家庭の生の声をインタビューし「AC広告」のコンペに応募。お2人曰く、「父子家庭のことを調べても記事や、データが少ないと気づく。もっと父子家庭にスポットを当てないと！」と。

残念ながら「AC広告」のコンペは力及ばず。素晴らしいポスター。ちなみにお弁当は私が作る。

2017年2月26日　卒論　昨年の立命館大学に続き卒論の手伝い。奈良女子大の学生の卒論が送られてきた。

「父子家庭が抱える困難と社会的支援に関する考察」（当事者インタビューを通して）。

視点が違うのか、こちらが勉強になった。父子家庭が抱える困難や、家事。子育て、仕事、経済的困難、コミュニティ、ストレスなどが書か

れている。

　そして最後にこんな一文で締めくくっている。

「父子家庭には、マイナスなことばかりではないこともわかったことを主張しておきたい。父子家庭には暗い、かわいそうといったイメージで描かれがちであるが、今回回答者たちは異なっていた。子どもと過ごす時間が増え、子どもとの関係が良好に向かったことや、料理や裁縫、子育てに苦戦しながら楽しんでやっているという声もあがったことから、困難を乗り越えながら前に進む父親たちの姿を見ることができた。当事者の声を聴いてはじめてわかったことが多くあるので、父子家庭の父親の意見をしっかり調査した上で支援のあり方を考えていくことが重要である」

4　2017年度

お父さんの洗濯教室

　【開催日時】2017年9月2日
　【開催場所・協賛】下鴨北大路プラント・㈱クリーントピアぴいぷる北
　　　http：//cleaning-people.com/company/
　　　606-0827　京都市左京区下鴨西半木町74　☎ 075-703-0111

　参加者は子どもを含め10名。NPOでお世話になっているお母さんも参加。事前に洗濯で困っていることを伝えておく。

「汗」「油汚れ」「泥」「醤油」「ケチャップ」「墨汁」等々。取れるものあれば取れないものもあるが、基本は溜めないこと。その日に洗濯する。

　簡易なやり方として、市販の油汚れ洗剤と市販の石鹸のセットで繰り返し作業すると汚れが落ちる。また洗濯物を干すときはアーチ状に干すなど参考になる。参加されたお母さん方もなるほどとメモを取られていたのが印象的。

　以下は、㈱クリーントピアぴいぷる北　代表取締役松居洋一氏の談。

「弊社は昭和10年創業のクリーニング屋を営んでおります。この度NPO法人　京都いえのこと勉強会様より、貴重な機会を頂戴し、お父様、

お母様に対し、ご家庭でもできるシミ抜き方法などをご説明させて頂きました。この機会により、少しでもご家庭のお洗濯がより良いものになれば幸いです」

お父さんの料理教室

【開催日時】2017年9月30日（土）13：30～16：00
【開催場所・協賛】ラ・キャリエールクッキングスクール、味の素㈱大阪支社

　料理は「キーマカレーパン」「チキンの和風グラタンスープ」「サラダ」「なめらかプリン」の4品。正直「難しい！！」と思ったがなんとか出来た。シングルのお父さんも参加。少しづつで活動が拡がっていることを実感。しかし告知にもう少し工夫が必要。どうすれば父子家庭のお父さんに情報が届くのだろうか？ SNSでの発信だけでは難しい。

親子のクリスマスケーキ料理教室

【開催日時】2017年12月23日（土）13：30～16：00
【開催場所・協賛】ラ・キャリエールクッキングスクール（住所等は前掲）

「サンタクロースのケーキ」に12組の親子が参加。スポンジから作り、イチゴ、ブルーベリー、生クリームを使いサンタの顔に仕上げていく。2時間半かけて完成。

父子家庭勉強会

【開催日時】2018年2月10日（土）13：00～16：00
【開催場所】キャンパスプラザ京都
　　　　　　600-8216　京都府京都市下京区東塩小路町939
【後援】京都府・京都市・京都府社会福祉協議会・都市社会福祉協議会・京都市民生児童委員連盟

　今回のテーマは「父子家庭をどのように支え支援していくか」
　NPO法人だから出来る京都府、京都市の両行政の方に参加をいただき、また福知山父子会会員にも参加いただき総勢15名。
　議題は次のとおり。

　「活動報告」「今後のネットワーク構築について」「フリーディカッション」

　活発な意見が飛び交い、当事者2人（私と福知山父子会）の声に反応いただき、少しは父子家庭の現状を理解いただいたものだと理解。今後はネットワークの構築が大切になり、必要な方に必要な情報が届く、情報の共有。後に続く方に少しでもお役にたてればと思う。

　びっくりしたのは府民民生児童委員協議会から出た資料に児童意外の同居者の状況に母子世帯は64.7%に対して父子家庭世帯は87.3%。思わず「一人で育てている私はレアですか？」に「レア」ですと（笑）。「社長辞めてまで子育てとは・・・」

Kondankai

【開催場所】京都市地域子育て支援ステーション京都市葵児童館（住所は前掲）

4月19日（水）10：30〜12：00　開催当初3年生の保護者だった私も5年生の保護者になった。日々の子育ての話が「反抗期」の話になっている。子育ては親育てと言われるがなかなかその域には達しないのか？ママ友3名と現状報告。夜は左京区まちづくり活動支援交付金の説明会に。

5月17日（水）10：30〜12：00　参加者5名で「子育てあるある」で1時間30分。今回初参加のお母さんはお子さんが一人。一人っ子の子育ての難しさや工夫を話された。「えぇ？そこまで考えて育てるのですか？」と思わず言ってしまった。主夫9年生の私にとって新鮮に写った子育てだった。

6月14日（水）10：30〜12：00　参加者6名。子どもたちが5年生になってから変化が。成長の過程で起こることと思うが、親にとっては心配なことばかり。大事な報告を忘れたり、友達との距離感だったり男女関係なく何かある。「親同士で話す場がない」と言われた。シングルファーザーにとってママ友の情報が一番。

10月18日（水）10：30〜12：00　父子の情報はママ友から。主夫

になって思った「地域の繋がりが大事」。「ママ友」がキーだった。参加者は6人。

　いつもは「子育てあるある」だが今回は質問をさせてもらった。

　　① 休みの日にご主人は家事（いえのこと）をされますか？

　　② 記念日のプレゼンとは？

　2人の方が「主人は何もしない」「私がいなければ無理」（笑）。

　結婚記念日、誕生日のプレゼントなしの方もおられた。笑いが絶えない1時間30分。

12月13日（水）10：30〜12：00 シングルファーザーになってママ友の情報が一番とわかった。ママ友から父子家庭の情報をもらう。また子どもが小学校に行ってから話す場が無くなったとママ友から聞く。

　話す場を持って、子育てあるあるに家事のことを教わる。地域の情報もいただけるのがありがたい。参加者も増えてきた。今日は地域の店で忘年会ランチ。

2月14日（水）10：30〜12：00 4月から6年生になる子どもたちの保護者に、中学校に行く子どもの保護者。子育ての悩みも色々で今日も1時間半喋りっぱなし。

講演活動

10月12日（木） 四日市市民生委員児童委員協議会連合会にて講演。演題は「子育ては親育て　毎日がドラマ」。

　2016年10月、四日市市ひとり親家庭福祉連絡員協議会の方が京都に20名で来られその前で講演。

　終了後会長が「このお話は四日市市で広めます」と言われ、2月に四日市市川島地区青少年推進協議会で50名の前で講演。さらに会長の推薦で今回の大会の講師になる。

　入口の看板には「民生委員制度創設100周年記念」と書かれている。とんでもない大会での講演だと現地でわかった。参加者は550名！　人数の大小ではなく、何処まで伝わるかが大事。2014年1月から始めて講演も35回目。「死別父子家庭の現状」を発信し続けることが大事。

「死別父子の状況だけでなく、子どもに向き合うキーワードがたくさん
あった」「寝る暇がない講演だった」などの感想あり。

【講演履歴】
　2017年8月　某生命保険会社横浜支社／ダスキン東海エリアチャレンジクラ
ブフューチャー8月勉強会／9月　ダスキン東北ブロック組織員勉強会／10月
四日市市民生委員・児童委員連合大会／ダスキン東北ブロック盛岡大会／11
月　関西遺族会ネットワーク／京都ノートルダム女子大学現代人間学部 福祉生
活デザイン学科／12月　京都北東ロータリークラブ／京都市醍醐子育て講演会
／2018年1月　某生命保険会社京都支社新春セミナー／甲賀市甲南幼稚園／
2月　栗東市自治振興課／3月　某株式会社入社式

メディア

6月23日　Abemaプライムに孝太と出演。午後3時に連絡があり「小
林麻央さんの件でコメントいただけますか？」との連絡があり、急遽出
演が決定。スカイプで自宅からの中継出演。「父の日のプレゼント」の
話をする。

7月21日　NPO法人グリーンパパプロジェクト代表理事の吉田さんに
取材された記事「シングルファーザーを生きる」がYahoo　NEWSにUP
される。吉田さんからは「10人のシングルファーザーを取材して1冊
の本にする予定です」と言われていた。少しニアンスが違うところもあっ
たが、上手にまとめていただいた。「ネットにUPされているね！」「大
きな発信になるね」等、大きな反響がある。

10月24日　soar（ソア）で取材記事「つらくても、いつか必ず笑える
日がくるから」がUPされる。soarは、人の持つ可能性が広がる瞬間を
捉え、伝えていく活動。様々なかたちで発信していくことで、誰もが自
分の持つ可能性を活かして生きていける未来を願う、同じ願いを持つ人
たちが集う場を生み出す。マイノリティと言われればそうかもしれない。
しかし、マイノリティの自覚のない私。

2018年1月29日付京都新聞朝刊

「わたしの現場〜地域への一歩を後押しシングルの父親を支援」で取り
上げられる。「自分は、自分の経験しか語れない」。だからこそ、困って

いれば小さくても口に出して周囲に知らせてほしいと願う。親戚や身内、友達、誰でもいい。「決してつながりを切らないで」。そしてもう一つ大切に思うことは、当事者だけで問題を共有しないこと。家族の問題であり、地域や働き方の問題でもある。「誰もが通るかもしれない道」なのだと、伝えていくつもりだ。

その他活動

4月8日　下鴨こども食堂

「えぇ？　これってムチャ助かる！　それもご近所！」

　地元下鴨で発見。「下鴨こども食堂」をはじめて利用。地域の方が沢山来店。一人親の私にとっては非常に助かる。

　次回は2週間後です。子どもが一人だけで入れる食堂。卵や牛乳にアレルギーがあっても大丈夫。おとうさん、おかあさんも歓迎。開催日は、第2第4土曜日　午後12時〜2時【参加費】こども/100円（幼児〜高校生）おとな/300〜500円

2017年5月27日　父子家庭のネットワーク

　第27回京都府内父子福祉連絡会議にオブザーバーで初めて参加。京都府民生児童委員協議会会長の挨拶に始まり、京都府の方からの報告。

　京都府内には8つの父子会が存在する。それぞれの活動報告がなされ、最後にオブザーバーの京都いえのこと勉強会の報告。まずはネットワークづくり。もっと父子家庭にスポットを当てないと。NPO法人を設立しているのは当法人だけであった。

2018年2月7日　三重県庁へ

　活動の一環に父子手帳の作成をしたいと、常々話す。「みえの育児男子HANDBOOK」を発見。三重県子ども・福祉部少子化対策課家族サポート斑に話を伺いに行く。快く対応していただく。

　『みえの育児男子HANDBOOK』は、読みやすく、解りやすい内容にびっくり。ご協力に感謝。

2018年2月17日・18日　子どものグリーフサポートのお手伝い

　龍谷大学深草キャンパスにて、親を亡くした子の「子どものグリーフ

サポート講座」開催。防衛医科大学高橋聡美教授（現一般社団法人高橋聡美研究室代表）からの依頼を受け少しお手伝い。

　自分の子どものケアが出来ていない。子どものグリーフケアはどうすればいいのだろうか？　と思いながら受講。16名参加。

　1日目は「子どもにとっての死別体験」「ファシリテーションという寄り添いかた」「ファシリテーションを支えるスキル」。

　2日目「グリーフプログラムの実際」はグーループに別れてのロールプレイング。改めてグリーフケアは深いと学ぶ。子どもとの接し方は、気持ちは何時もニュートラルで、子どもの言葉や行動はリフレクション（反映）する、自分で相手をジャッジしない。これは、子どものグリーフケアだけではなく、普段からの子どもとの接し方においても大事なことと学ぶ。

2018年3月10日　卒論　「父子世帯が抱える問題とその支援〜聞き取り調査をもとに〜」

　今年度卒論のお手伝いをした京都ノートルダム女子大学生活福祉学部の学生さんの卒論。

　細かく調べて、インタビューされた方の内容も上手くまとめられていた。

　今年で3人目の卒論のお手伝い。それぞれ視点が違う。逆にこちらが勉強になる。

　協力いただいたNPO法人サステナブルネットの渡邉さんはじめ関わっていただいた皆さまありがとうございました。

5　2018年度

お父さんの料理教室

　【開催日時】2018年6月23日（土）13：30〜16：00
　【開催場所・協賛】ラ・キャリエールクッキングスクール（住所等は前掲）

　6名参加。私含め3名が父子家庭。バターライスを包んだチキンロール、カボチャのバニラ煮、とろっと半熟卵がのったコーンと枝豆のサラ

ダ、野菜たっぷりのトマトスープ、ミルクプリングレープフルーツジュレのせの5品。

　なんとか出来たが今までの中で一番難しかった。父子家庭を取り上げる関西某局のカメラも入り撮影。先生方も少し緊張気味。

お父さんのおそうじ教室

【開催日時】2018年10月20日（土）10：30〜12：00
【開催場所・協賛】下鴨北大路プラント㈱クリーントピアぴいぷる北
　　　　　　　　http://cleaning-people.com/company/
　　　　　　　　606-0827　京都市左京区下鴨西半木町74
　　　　　　　　ダスキン元気　https：//duskingenki.tn-kyoto.com/

　はじめてのお掃除教室をダスキン元気サービスマスターさんと、クリーントピアぴいぷる北下鴨北大路プラントさんの協力で開催。

　簡易に出来る掃除をサービスマスターの実演により、レンジ、シンク、トイレ清掃を学ぶ。裏技も聞くことができ早速自宅で実践。毎日そうじをさぼれば、ほこりはたまる。汚れをすぐに取らないと取れなくなる。簡単に汚れを取るには毎日するしかないのだが、毎日する時間がない。ついつい掃除は後回しになり気が付けば大変なことになる。簡単に掃除が出来るやり方を学ぶ。

　ダスキン元気の高田氏から次のような指導をいただく。（要旨）

　毎日掃除をさぼると、ほこりや汚れがどんどん積もる。放置しておくと、汚れが固まって取りづらくなり、後で大変な手間がかかる。毎日こまめに掃除をすることで、簡単に汚れを取り除けるが、忙しい日常の中で毎日掃除をする時間を確保するのは難しい。その結果、掃除が後回しになり、気が付けば大変な状態になる。

　そこで、今回は簡単に掃除ができる効率的な方法を学ぶ。この方法は、忙しい生活の中でも実践しやすく、掃除の負担を軽減しながら常に清潔な環境を保つのに役立つ。身近な道具や洗剤を使用し短時間で効果的に掃除ができるコツや、日々のちょっとした習慣を取り入れることで、掃除の手間を大幅に減らす方法が紹介される。これにより、掃除を後回しにせず、誰でもささっと快適な空間を維持することができる。

親子のクリスマスケーキ料理教室

　【開催日時】2018 年 12 月 23 日（日）13：30 ～ 16：00
　【開催場所・協賛】京都製菓製パン技術専門学校
　　　　　　　　　https：//www.taiwa.ac.jp/lacarriere/
　　　　　　　　　616-8083　京都市右京区太秦安井西沢町 4 番 5

　第 4 回親子クリスマスケーキ教室をラ.キャリエールクッキングスクール様の協力を得て、京都製菓製パン技術専門学校で開催。
　今回は、福知山市父子会から 2 組の父子の方を含め12組の家族が参加。2 時間30分でスポンジから焼き上げ、デコレーションまで完成。出来上がったケーキは持ち帰りクリスマスイブに食す。

Kondankai

　【開催場所】京都市地域子育て支援ステーション　京都市葵児童館

4月18日（水）10：30 ～ 12：00　参加者 6 名。新学期の子どもの様子や反抗期について。色々と子育てあるあるの意見が飛び交いました。反抗期の子どもの対応は難しい。逃げない、逃さない、向き合う。今日も勉強になった。

5月9日（水）10：30～12：00　参加者 7 名。子育てあるあるで 1 時間30分のフリートーク。反抗期を迎えた子どもの向き合い方や、成長期の子どもの食事など。ママ友だから聴ける内容に頷く。この春から（理事長）「反抗期次男」が高校に。受験を迎える前の心境と受験が終わってからの心境を親の目線から伝える。地域のママ友との繋がりはシング

ルファーザーにとって重要。

6月6日（水）10：30〜12：00　今回はママ友のご自宅で開催。ママ友からの子育てあるあるに頷く。シングルファーザーであるが目線は子育てしているお父さん。小学校最終学年の三男。地域にどっぷり！沢山の方々にお世話になりながら育っていると改めて感じた。

7月11日（水）10：30〜12：00　参加者5名。テーマは「恐怖の夏休み」。1時間30分。改めて兄弟それぞれの違い、また子どもたちの成長に驚かされました。子どもの居場所作りと言われるが、ひょっとするとkondankai（懇談会）が保護者の居場所作りかも。

9月5日（水）10：30〜12：00　昨日の台風の影響で近畿ろうきんNPOパートナーシップ制度共同企画「居場所づくりを活動を知ろう！学ぼう！」が延期になった。来月に再度募集をかけられるようだ。

夏休み明けの保護者。それぞれに夏休みの過ごし方やトピックスを7名の保護者の話。子どもの居場所も大事だが親の居場所も今必要とされていると感じる。

10月10日（水）10：30〜12：00　近畿ろうきんNPOパートナーシップ制度共同企画「居場所づくりの活動を知ろう！学ぼう！」が実施され4名の方がオブザーバーとして参加。

　参加者は子育てママ・パパ6名。6年生は修学旅行、区民運動会も終わり次は大文字駅伝予選会の選考会練習に汗を流す。それぞれの子育てをざっくばらんに話す。

　子どもの成長とともに親も少し成長。反抗期に入った女子の保護者の報告にビックリ。1時間半があっという間に終わりました。子どもの居場所も大事だが親の居場所も今必要とされていると感じる。

11月14日（水）10：30〜12：00　参加者7名。「6年生の変化」について、1時間半フリートーク。それぞれに悩みがあり毎日の子育てに悪戦苦闘子どもは成長するが私たち親も成長しないといけない。

　昼からは、京都ノートルダム女子大学現代人間学部福祉生活デザイン学科ゼミに招聘いただき学生さんとデスカッション。ひとり親の現状に色んな意見が出る。逆に勉強させていただく。

2019年1月9日（水）10：30〜12：00　参加者5名。小学校卒業まであと2ヶ月あまり。「中学生になるとどうなるのだろうか？」と少し不安な保護者。身体の成長もあれば心の成長（反抗期）もある。親はどんな対応をすればいいのだろうか？

中学生なり、最低限しか発信しなかった我が家の次男。やはり、ママ友や部活のママ友から情報をいただき助かった。コミュニティは大事だと思う。

kondankai（懇談会）は、3月を持って終了する。しかし参加者から、中学になっても開催しようとの声が上がる。シングルファーザーにとってコミュニティは大事。コミュニティのつながりで子どもの情報がわかる。

2月6日（水）10：30〜12：00　小学校ではインフルエンザが大流行。卒業が近づいてきた6年生の保護者の方は、中学の塾の話や、部活の話しに高校受験の話。そして毎度のごとく反抗期の対応。参加者4名。

次回の開催で4年続けてきたkondankai（懇談会）は4月からは形を変えて開催する予定。父子家庭の私にとってコミュニティは大事であることには間違いない。

3月6日（水）10：30〜12：00　2015年4月から開催してきたこの会も今回でひとまず終了。ママ友の情報が一番。互いの子育てに悪戦苦闘。教えてもらう事が一杯。時には、父子の情報ももらう。「親戚に、近所に、職場に父子の方がおられますよ」と。

参加者の子どもが小学校を卒業する。「中学生になっても開催してくださいよ。子どもの情報がわかりません。反抗期の対応がわかりません」と言われる。確か親の居場所がない。相談する場が少ない。父子の私にとっても地域の情報は必要。名称を変えて継続かな。

講演活動

7月14日（土）　午前中に地元小学校のPTA家庭教育講座で講演。三兄弟がお世話になった小学校の講演会。小学校でお世話になりっぱなし。返せる場所は講演会と思った。PTA本部役員の方にボランティアで講演

を依頼して承諾をいただく。

　子育てがメインで、いつもお世話になっているママ友や妻の友人50名が参加された。今回で50回目の講演会だったが知り合いが多く一番話し辛かった。妻の話しに涙で子育て奮闘には笑いありでした。同じ子育て世代の方が多く共感するところが多かったようだ。

【講演履歴】
2018年4月　京都洛西ロータリークラブ／5月　京都看護大学看護学部看護学科／上智大学大阪サテライト校グリーフケア研究所人材養成講座／6月　三重県人権擁護委員連合会／株式会社　湖光／堺市あおい幼稚園／7月　京都市立下鴨小学校PTA／虹と風の診療所準備委員会／コニカミノルタダイバーシティ推進部／8月　公益社団法人生命保険フィナンシャルアドバイザー協会大阪ブロック／11月　京都ノートルダム女子大学現代人間学部　福祉生活デザイン学科／和歌山県立なぎ看護学校／京都ノートルダム女子大学現代人間学部　福祉生活デザイン学科　ゼミ／2019年　2月　『シングル父さん子育て奮闘記』出版記念基調講演／3月　株式会社Tn定例会／島根県環境生活部環境生活総務課男女共同参画

その他活動

出版！　2019年1月20日　ついに出来た！『シングル父さん子育て奮闘記』（ぱるす出版）。妻が亡くなり8年間の実録エッセイ。「家事（いえのこと）」「子育て」「ママ友」「仕事・退職」「専業主夫」「NPO法人設立」「グリーフケア」沢山のことが一杯詰まった1冊。

　今年度で設立5年目。支援いただく側から支援する側になり改めて感じるのは、それぞれに形があるので必要とされていることもそれぞれということ。とくにシングルファーザーで育った学生と話をすると、親目線でしか発信してないと気づくことが多く反省。「支援も大事だと思いますが、父子家庭の現状をもっと発信してください！」と言われ頷く。

　年始から子どもに手伝ってもらい発送物の準備。父子と言えるのはあと5年。その後は寡夫になる。リアルな子育てが過去形になる。それまでは全力で発信する！

メディア

6月28日（木） ABC朝日放送キャストに出演。「父子家庭19万世帯の"主夫"仕事・子育て・家事に忙殺される父親たち…」関西だけの放映。知人のシングルファーザーと共に出演。
9月13日 RADAIO　MIX KYOTOに出演
2019年2月19日 京都新聞社夕刊に掲載。
3月10日 朝日新聞社松江総局でＵＰされました。
「支える人を支える京都の社会福祉」**11月号**に掲載されました。

6　2019年度

お父さんの料理教室

【開催日時】2019 年 6 月 29 日（土）13：30 ～ 16：00
【開催場所・協賛】ラ・キャリエールクッキングスクール（住所等前掲）

　参加者 6 名。父子家庭 3 名。福知山市父子会の方も参加。今年度が活動して 5 年目。今回はメニューが一品多く 5 品。時間内に出来るのか？自宅でも出来るのだろうかと思いながらの料理教室。
　メニューは「だし巻き」「唐揚げ」「出し雑魚で作る贅沢味噌汁」「ほうれん草の胡麻和え」「鰯の蒲焼丼」

父子家庭勉強会 5 周年記念フォーラム

「親の想い、子どもの想い～父子家庭の現状を発信しますⅡ～」
【開催日時】2020 年 2 月 8 日（土）13：00 ～ 16：00
【開催場所】京都府立京都学・歴彩館小ホール
【後援】京都府・京都市

　発信する場を沢山いただき講演をさせてもらうのだが、いつも親の想いも発信しているので一方通行。子育てをして子どもから教わった。子どもの想いがあるということ。気づくまでに 3 年かかった。双方の想いが大切であるということ。

　いつか、父子家庭で育てた側（親）と育った側（子ども）の発信を開催したいと思っていた。

　昨年、同志社大学院生から修士論文のお手伝いの依頼あり。話をするとその女性も父子家庭で育っている。自分の想いを伝えると登壇してもOKと。直ぐに父子家庭サポートネットひろしまの高松氏とNPO法人グリーンパパプロジェクトの吉田氏にも連絡しお2人からもOKをいただく。

　高松氏は死別父子家庭で子育てが終わった方。吉田氏は離別父子で子育て中、そして私の4人でのパネルディスカッション。事前の参加予約は32名だったが当日参加の方を入れると39名。

　パネルディスカッションでは、高松、吉田両氏のプロフィールと活動報告。その後当法人理事長のプロフィール活動報告。その後の同志社大学院生の報告には驚きと、笑いあり涙ありの発信だった。

　事前質問4つ。

　互いに（親と子ども）に伝えて、互いのキャッチボールのような感じのパネルディスカッションだった。いつもは親の想いだけだが、子ども想いを聴けたことで勉強になりました。何よりも4人それぞれに家族の形があり、それぞれに想いがあるので答えはない。しかし父子家庭の現状を知っていただくためにも発信が大事である。

　今回、父子家庭で育った大学院生の発信は貴重だった。敢えて「私が父子家庭育った子どもで発信します」と言われる方は希少。またその内容にもビックリ。

　私自身が父子家庭になるとは思いもしなかった。私が父子家庭になって初めて子どもの想いがわかった。

　参加者には父子家庭の方も数名参加されていたので少しは今回のフォーラムが子育てのヒントになったと思う。

　参加者からの感想文は、「大変興味あるお話でした」「有意義なフォーラム」「親の想いと子どもの想いは違うと感じました」「父子家庭の大変なことがわかりました」といったこと。一番多かったのは「大学院生の赤裸々な話がよかった」とということだった。

　残念だったのは、京都新聞社からは事前の取材を受け、京都市にニュースリリースしたにも関わらず、当日は一社も取材に来られなかった。やはり父子家庭の認知度がまだまだ低いと思った。あと 4 年で父子家庭から寡夫に名称が変わる。

講演活動

2019年9月4日　第68回京都府社会福祉大会　演題は「お父さんからおとうさんになりました〜シングル父さん子育て奮闘記〜」。80分の講演。京都府主催の一番大きな大会。いつも通り講演前は緊張。しかし「笑いあり涙ありの80分」。

　講演後「父子家庭の話はなかなか聴けないので」「泣いて、笑って最後にまた泣きました」「父子家庭の話はまず耳にしない。まして子育てされているリアルな話に頷き驚きました」といった感想をいただく。担当部署の方からも「伝わりましたよ」と言われ一安心。

11月16日　京都ノートルダム女子大学市民公開講座　13：00から京都ノートルダム女子大学市民公開講座に登壇。「京都でつなぐ多様な家族と社会〜ひとり親世帯の父の視点をとおして〜」がテーマ。

　同大学現代人間学部福祉生活デザイン学科講師の青木先生とコラボ。青木先生は、デンマークの家族の研究をされていて、デンマークの家族構成や、日本とデンマークのひとり親（父子）世帯を取り巻く状況なども話された。

　持ち時間30分で「つながり」に救われたひとり親世帯の父親の経験がお題で30分の講演。三男も講演に同行させ参加。彼にどこまでで伝わったかはわからないが、大きく頷かれる女性に少しは響いたと思った。

【講演履歴】
　2019年4月　第3回さくら祭り／5月　京都看護大学／某生命保険会社／ワイズメンズクラブ5月例会／6月　上智大学大阪サテライト校グリーフケア研究所人材養成講座／京都市東山区民生委員児童委員大会／企業主導型保育 Ohana ／7月　京都ノートルダム女子大学現代人間学部 福祉生活デザイン学

科／某生命保険会社／ダスキン東北ブロック　盛岡大会／ダスキン東北ブロック仙台大会／8月　守山市第44回守山市　人権・同和教育研究大会／9月　京都府社会福祉大会／NPO法人父子家庭サポートネット広島／大愚塾「大地の会人生セミナー」／10月　京都市立下鴨中学校／京都市西京区児童委員研修会／南区社会福祉大会／11月　グローバルアイディアル／某生命保険会社／京都市左京区民生委員／京都ノートルダム女子大学市民公開講座／京都建設組合／2020年　1月　京都ノートルダム女子大学　社会福祉デザイン学科／京都紫明ロータリークラブ／2月　ダスキンネットワーク21北関東

その他活動

6月14日　「ベストファーザー賞in関西」受賞（一般部門）。まさかの受賞。「半分、母親なのにいいんですか？」と実行委員会の担当者に聴いてしまった。父親だがやっていることは母親と同じ。ほぼワンオペの子育て。妻の役割を担って悪戦苦闘するも、途中で子育てが親育てとわかった。

そして子育てがドラマと思うと、そこからは母親の感覚になっていった気がする。そんな私の受賞。今後の活動や同じ当事者の方の励みになればと思う。

メディア

9月　9月に講演した京都府社会福祉大会での講演後、取材を受けて京都府社会福祉協議会が発行される「支える人を支える京都の社会福祉」11月号に掲載されました。

3月7日

　雑誌「DIME」。「シングルファーザーだから言えること。毎日家事をすると母親の気持ちが少しわかります！」。パナソニックの広告枠。

7　2020年度

お父さんの料理教室

【開催日時】2020 年 9 月 5 日（土）13：30 ～ 16：00
【開催場所・協賛】ラ・キャリエールクッキングスクール（場所等は前掲）

　第 6 回「お父さんの料理教室」開催。父子家庭の方 2 名参加。参加されたお 2 人は。毎日料理をされている方なので手際が良くスムーズに料理されました。今回は「ステーキの焼き方をマスターしよう」がテーマ。「牛ヒレ肉のステーキ」と「魚介のサラダ」の 2 品。

　料理教室終了後は、懇談会のような感じで色々な話ができる。

講演活動

2020年 8 月30日　港区立男女平等参画センター「リーブラ」「必要な方に理事長の情報が届きますように」が港区立男女平等参画センター「リーブラ」の担当者の想い。コロナウィルス感染拡大中にもかかわらず多くの人の参加。ひとり親の方も数名ご参加。講演終了後に我慢できずに感情を表出される方もおられた。少しはお役に立てたと思う。コロナ禍でなければもっと多くの方が参加できたのにと思っての東京日帰り。

【講演履歴】
　2020年 7 月　京都ノートルダム女子大学　現代人間学部福祉生活デザイン学科／上智大学グリーフケア研究所人材養成講座／7 月　東京都港区立男女平等参画センター／9 月　京都府久御山町民生委員児童委員大会／同志社大学社会福祉学部／10 月　ドリームプレゼンテーション／11 月　某生命保険会社首都圏支社（代理店様）／12 月　東京海上日動あんしん生命／京都ノートルダム女子大学　現代人間学部福祉生活デザイン学科／2021年 1 月　某生命保険会社／京都準北倫理法人会

8 2021年度

お父さんの料理教室

【開催日時】2021 年 9 月 25 日（土）13：30 ～ 16：00
【開催場所・協賛】ラ・キャリエールクッキングスクール（住所等は前掲）

子どもさんの体調不良でキャンセルが出たため7名参加。コロナ禍での開催だったが、問題なく運営。
「簡単に出来るお弁当」がテーマ。「そぼろ丼」「豚の生姜焼き」「さつまいもサラダ」の3品。

勉強会

【開催場所】京都府立京都学・歴彩館小ホール
【後援】京都府

2021年10月9日(土)14:00～16:00 第5回父子家庭の勉強会「親の想い、子どもの想い～父子の子育て～」を開催。コロナ禍でZOOMを使用するようになったので、SNSを活用して全国の方に告知することが出来る。それはそれでいいのだが、運営する方は対面が増えて欲しいと思うのだがコロナ禍で動員をかけることが出来ないのが残念である。対面とZOOMの参加を合わせ29名。

ZOOMでの運営が初めてで、不備もありもうバタバタ。

気がつけば親の一方通行の子育て。父子家庭で育った子どもの発信も大事だと想っておりました。今回、ご協力いただきましたキムテック代表木村さんと当法人のサポーターの女性のストレートな言葉に改めて親の想いと子どもの想いを感じることが出来た。

2021年11月13日（土）「父子家庭になって12年、寡夫になるまであと3年～活動してわかったこと～」をテーマに講演会を開催しました。

本来は来年 2 月に開催予定でしたがコロナの第 6 波が来ると開催が出来なくなるので前倒しでの開催。

　10月中旬に朝日新聞デジタル版Withニュースに UPされたのと地元京都新聞にも UPいただいたので反響があった。

　対面 7 名、ZOOM25名の参加。父子家庭の方、父子家庭に関心のある方、卒論で父子家庭の研究をされてる学生、学校の授業で父子家庭を勉強されている中学 3 年生に行政の方も参加。

　自分の経験しか伝えられなかったが、少しはお役に立った感じ。

講演活動

2021年 2 月 3 日　某生命保険会社から招聘。「死別父子家庭の現状」についてリモート講演。コロナ禍が講演会は減少し、リモートが増加。

【講演履歴】

　2021年 4 月　某大学社会文学部／ 5 月　京都看護大学／上智大学グリーフケア研究所人材養成講座／ 6 月　京都ノートルダム女子大学　現代人間学部福祉生活デザイン学科／ 10 月　ダスキン福岡中央エリアオーナー会／ 11 月　きょうと子育て環境日本一サミット子育てセミナー／ NPO法人京都いえのこと勉強会の講演会／ 12 月　神道青年会近畿地区連絡協議会／ 2022年 2 月　某生命保険会社研修／ 3 月　某生命保険会社盛岡生保支社

メディア

　Panasonic Store Plusにアップされました。

2021年 6 月14日　主夫13年生。少しはいえのこと（家事）が出来るようになったが中々時短が出来ない。未だにいえのこと（家事）に悪戦苦闘。

10月17日　朝日新聞デジタル版Withニュースに取り上げられる。

9 2022年度

お父さんの料理教室

【開催場所】2022 年 9 月 24 日（土）14：00 ～ 16：30
【開催場所・協賛】ラ・キャリエールクッキングスクール（住所等は前掲）

　第 8 回料理教室を開催。参加者は 6 名。うち父子家庭の方が 3 名。今年はどうしても上手くできない！

　メニューは「ふわとろオムライス」「ソーセージと野菜たっぷりのポトフ」の 2 品。

　オムライスのタマゴが強敵（笑）。今日は一番簡単な作り方でオムレツをケチャップライスの上に乗せる。牛肉としめじを炒めデミグラスソースを入れて煮込む。オムレツの上に煮込んだデミグラスソースを乗せて出来上がり。

　調理方法がちがう！　これさえ出来れば失敗せずに出来る。1 年ぶりに再会したお父さんから近況報告を受ける。「まぁ、色々あります。親のエゴもあれば子どもの想いもあるのでゆっくりいきます」と。

勉強会

【開催日時】2022 年 10 月 15 日（土）14：00 ～ 16：30
【開催場所】京都府立京都学・歴彩館
【後援】京都府

　第 6 回父子家庭勉強会「親の想い、子どもの想い　Ⅲ～ワークライフバランス推奨企業さまに聴く～」を開催。参加者28名、うち父子家庭9名。

　今回のテーマは「雇用」。ワークライフバランス推奨企業の㈱ウエダ本社の岡村社長からは仕事の取組み。

　「現在男性社員で育児休暇を取得されている方もいる」「有給休暇1時間取得は大手企業よりも早く実施」「子どもと同伴で出勤可能」等々、まさしく「子育てに優しい企業」。

　京都ノートルダム女子大学の青木先生からは、ひとり親世代のイメージに関する研究をされた学生さんの報告。あしなが育英会奨学生の方から「お母さんが亡くなった後のお父さんの働き方」「お父さんへの想い」を当事者としてお話いただいた。

　多様性の世の中、社員に父子家庭が存在しても特別ではなく、昔のように仕事を取るか子どもを取るかでもない。企業の規模にもよるが父子家庭世帯の親を雇用することで父子家庭支援企業となり企業にとっては大きな社会貢献になる。

　雇用される側も安心して仕事が出来るはず。株式会社ウエダ本社さんが取組んでおられるような企業が増えれば、雇用は守られると思う。

講演活動

2月5日（日） 伊丹市立男女共同参画センター　2015年11月に宝塚市男女共同参画センターでの講演の時の担当者から再度招聘。あれから8年が経過しているので、子育てのファイルも増えて当時とは違う視点や立場で話が出来る。テーマは「おとうさんの子育て」。20名定員で12名参加。

　以下は、感想文の一部。

　①　父子家庭の状況が大変わかりやすく理解出来ました。

　②　大変感動しました。14年間の子育てを短時間で話され苦労されたことが伝わってきました。

　③　何もかもオープンに話されるエピソードが誰かのメッセージになる。

　④　子育ては親育て、子育ての大変さが理解でき改めて働く人に優しい会社にしていきたいと思いました。

【講演履歴】

　2022年4月　某大学法学部法学科／6月　上智大学グリーフケア研究所人材養成講座／京都ノートルダム女子大学　現代人間学部福祉生活デザイン学科／8月　MDRT日本会多摩・山梨ブロック研修会／11月　丹波篠山　ささっこ青空ひろば／2023年2月　伊丹市立男女共同参画センター／某生命保険会社京都代理店会

メディア

2022年8月1日　文化放送（ラジオ）大竹まことゴールデンラジオの「大竹発見伝ザ.ゴールデンヒストリー」で8月1日から5日間5人のシングルファーザーが取り上げられる。

8月1日14：00から5分間取材をいただいた内容を大竹まことさんが朗読。

10　2023年度

お父さんの料理教室

　【開催日時】2023年8月5日（土）10：00 〜 12：30
　【開催場所・協賛】ラ・キャリエールクッキングスクール（住所等は前掲）

　今回は「夏バテをしない料理」をテーマに「プルコギ丼」と「海鮮チヂミ」に挑戦。

「これなら短時間で簡単に出来る」と声が上がる。

勉強会

　【開催日時】2023年10月28日（土）14：00 〜 16：00
　【開催場所】京都府立京都学・歴彩館小ホール
　【後援】京都府
　【共催】京都洛西ロータリークラブ

　テーマは「どうする雇用〜ひとり親の雇用がCSRなる〜」をテーマにパネルディスカッション。

　突然妻との死別で父子家庭になった私が「父子家庭の現状を発信した

い！」との想いから立ち上げていただいた当法人も9年を迎えた。困っていることはそれぞれあるのだが、自らの経験や、同じ当事者の声から「やっぱり仕事ですよね」になる。

　企業の規模によって対応は違う。「仕事をとるのか子どもをとるのか」と遠回しに言われたこともあった。しかし時代は変わった。多様性の世の中、ひとり親を雇用することが企業のCSRになると思う。SDGsの取組に「貧困をなくそう」と掲げている。ひとり親世帯の子どもは貧困と言われる。ひとり親世帯の子どもの貧困をなくすためにも、「ひとり親世帯の親の雇用を守って欲しい！」。そんな思いで今回の勉強会を開催。

　課題は2つ。「急に従業員さんがひとり親になった時にどのような対応をされますか？」「ひとり親の雇用の推進をどうするか（企業のCSRの観点から）」

　ワークライフバランスを推進している企業はひとり親に限らず色々な制度がありますので対応は可能。ただ制度を活用するためには他の従業員の協力も必要となる。残された従業員のケアも必要となる。人材不足の世の中、企業としても雇用を継続したい。色々と工夫されて対応出来るようにされている。また男性の育休を取得された実例も発信していただいた。

　今後、企業としてはワークライフバランス（仕事と生活の調和）を推進することで職場の人間関係やコミュニケーションが良くなり、助け合う風土ができるとともに、従業員の満足度や会社への貢献意欲が向上し、企業の競争力を高めることができるなど様々なメリットをもたらすと今回の勉強会で学んだ。

講演活動

6月24日（土）・7月29日（土）　2回連続で東京都昭島市公民館主催の招聘で登壇。2020年に港区平等参画センターリーブラさんで登壇した際に昭島市公民館の担当者が参加。その後メールをいただき「何時かお呼びします」と言っていただいたがコロナ禍で止まってしまっていた。まさかの連続講演。

「前編は本を出版するまでの話。後編は出版後の話でお願いします」と
のこと。ビックリしたのは会場の反響が凄かったこと。前のめりで聴講
いただいている方が多かった。会場の大きさと参加者の人数がマッチし
ていたこともありライブ感が一杯で、表情を見て感じる。「伝わっている」
と感じる。

　もう一つびっくりしたのは、前編は参加するが、後編は不参加だった
方が「次回も参加しますと」言われたのに２度ビックリ。
「母子家庭の話は聞いたことがありますが、父子家庭の話を聴くには初
めて」と言われる方が多かった。やはり東京で発信しないと広まらない。
　講演後早速facebookに２人の方がポストされていた。
　大切な人を亡くした家族のグリーフケアも合わせて話があった。子育
て中の方でグリーフケアが必要な方、支援者みなさんに聞いて欲しい！
と思った。

【講演履歴】
2023年４月　お寺空間企画／５月　上智大学グリーフケア研究所人材養成講
座／京都市中京区民生児童委員総会／京都ノートルダム女子大学　現代人間学
部福祉生活デザイン学科／浄土宗京都教区児童教化連盟総会・研修会／６月
ダスキン福岡中央エリア／昭島市公民館男女平等参画課（前編）／７月　昭島
市公民館男女平等参画課（後編）／９月　京都市北倫理法人会／東京海上日動
あんしんエージェンシー／10月　京都北ロータリークラブ／11月　ダスキン
栃木エリア／京都マザーズジョブカフェ仕事と家事の両立支援プロジェクト

11　2024年度

お父さんの料理教室

【開催日時】2024 年 8 月 10 日（土）10：00 ～ 12：00
【開催場所・協賛】ラ・キャリエールクッキングスクール（住所等は前掲）

　今回は「カツ丼」。副菜は「豆のサラダ」と「味噌汁」。カツ丼は作りたいけれど面倒なのでトライしたことがなかった。講師の先生に教えてもらい「これは出来る！」と思った。

　シングルファーザーの方も 2 名参加。今年度でNPO法人は解散するので今回が最後の料理教室。料理教室を開催することでシングルファーザーの方と繋がる。料理をしながら、互いの情報交換されているのが印象的。

　料理教室が父子家庭のコミュニティーになっていたかも。料理をしながら話をしたり、みんなで食事する時に話をする。堅苦しい会議やお悩み相談よりも、料理をしながらが、またそのあとの食事で気を遣わずコミュニケーションが取れる。

　10年間協力いただいた「ラ・キャリエールクッキングスクール」様に感謝。

　以下は、ラ・キャリエールクッキングスクール様からのメッセージ。
「おとうさんの料理教室」

　2015年に理事長の木本様より、「裁縫を学ぶ会をやってみたが好評であったため、お弁当作りもできるように料理を学びたい」とご相談をいただき、料理講習会が始まりました。私どもとしてはぜひお手伝いをさせて頂きたいと考え、以降10年間にわたりサポートさせていただくことになりました。実際に料理を作ってみていただくと最初はこわごわ包丁を握っていた方も回を重ねるごとに上達され、コミュニケーションも弾むことで、皆様講習会が楽しみに変わっていかれたように思います。実生活ではお弁当や食事を子供さんがおいしいと言っていただけるようになったというお声も聞かせていただき、大変嬉しく感じております。

料理教室を通じて理事長木本様はじめ、会員の皆様にはこれまで長きにわたって本学園とのご縁を頂けましたことについてこの場をお借りし謹んで御礼申し上げます。

学校法人大和学園ラ・キャリエールクッキングスクール一同
https：//www.taiwa.ac.jp/lacarriere/

勉強会

【開催日時】2024 年 9 月 21 日（土）14：00 ～ 16：30
【開催場所】京都府立京都学・歴彩館小ホール
【後援】京都府

「これからの父子家庭支援」がテーマ。パネラーを誰にお願いするのか少し迷った。当法人が解散することになるので「これからの・・・」にした。本来は 10 年間の活動報告をすべきだったと思ったが、最後まで当法人にしか出来ない勉強会にこだわった。

それは「当事者」であったパパ友で、元シングルファーザーでステップファミリーになられた㈱ゆめ工房益川社長、京都府健康福祉部家庭．青少年支援課福阪参事、京都ノートルダム女子大学青木准教授をパネリストに迎え、パネルディスカッションを開催。

2026年度から施行される予定の「共同親権」の件でメディアから取材。「共同親権はどう思われますか？」に「死別は親権がもれなくついてくるので」と答えると、「どう思われますか？」になるのだが、私は「子ども目線で施行していただければと思います」と答えた。

「親権」と言うフレーズには関心なかった。「親権」と言われて浮かんだのが保育園時代のパパ友益川さんに、パネラーとして登壇いただくことをお願いした。

元シングルファーザーの発信は凄かった。「そこまで言っていただいてもいいのですか？」と途中で聞き入ってしまうほどのリアルな発信に驚くばかり。カミングアウトされたことで全てが変わられた。「父子家庭になったことが格好悪いと思ってました」と。周りからは「子どもはお母さんと一緒にいた方がいい」など傷つく事も言われたようだ。ステッ

プファミリーになると「複雑な家庭」と言われる。

　今まで、離別父子家庭の方との繋がりをあまり持たなかった。子育てをキーワードには話せるが「気持ちがわかる」と言われると「違うって、死別と離別は違うから。どんなプロセス、状況があったとしてもお互いの責任でハンコを押してないから」と思う。

　過去に行政の方にも言われた。「母子家庭も一括りには出来ないんです。離別と死別で分けないと揉めるんですよ」と。福阪参事も、青木先生も離別父子家庭と死別父子家庭が違うことに改めて気づいてもらった。

　親権を取ることの難しさ、周りからのNGワードも違う。今回、益川社長の発信で気づかせてもらった。離別父子家庭で過ごした想いを知ることが出来た。

　デンマークの家族を研究されている青木先生からは、デンマーク（北欧）社会の家族政策の根底には「子どもを中心」だと言われた。どのような家族の属性で生まれてきても子どもが不利にならない。また子どもは「社会の子ども」として考えているとも言われた。社会のシステムが違うとここまで違うのかと思った。

　「子育て環境日本一」を目指す京都府もひとり親家庭の制度はあるのだが必要な方に必要な情報が届いていない。まあ、行政あるあるなのかもしれないが情報を届くような工夫が必要だと思う。

　最後まで、当法人だから出来る発信にこだわった。オンデマンドで配信したかったのですが録画が出来ていなかったのが残念。

講演活動

8月24日（土）　城陽市久世地区民生児童委員協議会主催の地区別全員研修会に202年9月に続いて登壇。前回の続編をリクエストされる。息子たちの成長、家族の形の変化、グリーフケアなどの話、

「一般の方でも参加出来る、市民公開講座を開催してください」と要望が多く、2025年3月31日までに開催出来るよう企画する。

【講演履歴】
　2024年５月　上智大学グリーフケア研究所人材養成講座／７月　京都ノート
　ルダム女子大学／８月　SONY生命JAIFA京都滋賀研修会／９月　城陽市久御
　山町民生児童委員研修会

第3章
シングル父さんへの想い
〜理事長講演の反響〜

1　2014年

3月　ダスキン大河原「第2回講演会」

木本さんとのご縁に思うこと

㈱ダスキン大河原　代表取締役　猪刈　博伸

　猪刈さんとは前職ダスキンで知り合い、退職時にメッセンジャーで報告したところ、長い返信をもらい、半年後に研修会の講師として招かれました。初めて講師料をもらい、約60名の前で講演した経験は今でも忘れられません。最前列の女性が講演後に涙ながらに「きっと世の中の役に立つ」と言ったことが心に残り、この日が本格的な講演活動の始まりでした。＜木本＞

　「自分ひとりで社長業と並行して子育てや家事をこなす。更に、子育てに専念するために社長を退く。私に出来るだろうか？」

　改めて自分自身に問いかけてみましたが、私には覚悟が足りません。仕事を言い訳にして子育てや家事にさほど関与せず、思春期の一人息子との微妙な関係性に苦慮する私には、木本努さんが選択してこられた道のりは驚嘆以外の何物でもありません。

　株式会社ダスキンのフランチャイズ加盟店の経営者である私にとって木本さんは同業の先輩。約20年前に初めてお会いして、その後、ご縁が深まったのが2013年。SNSでお名前を拝見し、初対面時のエピソード等を添えてメッセージをお送りしたら長文のメッセージが返ってきました。

　そこには勤務先の会社の社長に就任された事、奥様を病気で亡くされて社長業に並行して3人のお子様の子育てと家事をご自身でされている事、お子様たちとちゃんと向き合って子育てをする為に会社を退職される意向である事が書かれていました。

　私の平凡な日常を遥かに凌駕する困難な事態が頭に浮かび、驚きや戸惑いを禁じ得ませんでした。

　自分ならどうする？　何が出来る？

　懸命に思考しても想像力が及びません。そのような状況の変化に対して逃げずに真正面から挑まれている木本さんに最大限の敬意を抱きました。

　ご自身の体験がきっと世の中のお役に立つ筈との信念をお持ちで、発信する場を求めてNPO法人を立ち上げ講演活動をしていきたいというお考えに共鳴し、木本さんにとって初めての有料でのご講演を弊社従業員向けに依頼してお引き受け頂きました。

　木本さんが経験されたこと、仕事、そして子育てへの熱い想いを従業員と共有出来た事は弊社の財産です。以来木本さんには公私共にお世話になり私の世界を拡げて頂いております。メンターとしてお慕い申し上げている次第です。

　木本さんの活動は当事者による「父子家庭支援」の実践、たぶん前人未到の試みです。行動力や発信力の高さはご自身の経験に根差し、お父さん方のお困り事への解決策を提供する。料理教室や裁縫教室、そして、ご自身の事を話せて聞いてもらえる場所の存在はお父さん方にとってどれだけ心強かった事でしょう。何より、お一人お一人とのご縁を大切にされる木本さんの姿勢がNPO法人の活動の根幹であり、多方面の方々と有機的に繋がる事が出来た要因だと思います。多大なる成果と足跡を残された事と確信しております。

　10年間大変おつかれ様でした。そしてこれからもどうぞよろしくお願いいたします。

4月　㈱エアーズ経営研究所

父子家庭支援の現状と木本さんの決断に学ぶ

税理士、公認会計士　船戸　明

　仕事を辞めて5か月後、当法人理事の石井さんの紹介で講演を行いました。2年後の2016年4月にも再度講演をしましたが、最初の2014年3月の講演では緊張しており、話す内容が多くまとまり切れず、まだ完成形ではなかったと感じています。＜木本＞

　10年以上前に木本さんと初めてお会いした際、父子家庭と母子家庭では支援制度が違うと聞いて驚きました。実際に支援内容が違うという事実そのものだけでなく、その事実をまったく意識していなかった自分に気がついたのです。

　もちろん、母子家庭に対する支援も十分とは言えないのでしょう。とすると、当時の父子家庭への支援はさらに不十分で、そもそも父子家庭に対する情報も広く伝わっているとは言えませんでした。

　そうした状況を目の前にしたとき、木本さんは嘆くのではなく、自分で動いて道を開いていく決断をされたのだと思います。それも、「俺がやる」と力んでということではなく、「自分が役に立てるのはこれしかない」という必然に従って。

　10年前の話で印象に残っている言葉があります。

　木本さんは「知り合いは少ないけど友だちは多いんです」と語られました。父子家庭となって以降の活動は、こうしたたくさんの「友だち」に支えられてきたのだと思いますし、今回の出版に支援が集まったのもそうした木本さんのお人柄によるものなのだと想像します。

　ただ、それは、一朝一夕にできる関係ではなく、父子家庭になる以前から木本さんの頑張りを見てくれている人がたくさんいたということではないでしょうか。知り合いは少なく友だちも少ない私など、見習わなければと感心することしきりです。

　自分自身も含め家族の形というのは、いつ何時、どう変わっていくか

まったく予測できません。今、何に向き合わなければならないのか。自分でなくてもいい場所と自分でなければならない場所をどう見極めるのか。子育ては親育てと語られた木本さんの言葉を胸に、歩みを進めていきたいと改めて感じています。

5月　洛西ロータリークラブ

自分の幸せも大事にしてや！

京都洛西ロータリークラブ　平岡　弘行

　今回、寄稿をいただくことをお願いするにあたり、一番に声を掛けさせていただいたのが京都洛西ロータリークラブの平岡弘行様。京都青年会議所でも大変お世話になり、また取引先の社長様でもあられました。企業戦士であった私のこともご存じで、また妻が亡くなってからも大変お世話になりました。青年会議所に入会する時にセミナーで教わった「本気・勇気・やる気」という３つの言葉が、私の活動を支える重要な指針となりました。＜木本＞

　木本君の奥様が若くして、亡くなられてまだ日が浅い時に、木本君親子に我が家の宴会に来てもらった事がある。まだ長男さんが小学五年、次男さんは年長、末っ子の僕は２歳だったかと。皆ですき焼きを食べたが、末っ子君は椅子にかけたまま、寝てしまっていた。

　まだまだママに甘えたい年頃の３人の男の子、どうなる事かと胸がいっぱいになったのが今でも忘れられない。昭和の男子、木本君はご多分にもれず超仕事人間、それまでは家庭の事は奥さんにまかせ、フル回転で仕事に励まれていたと思う。

　それが突然仕事も家事も子育ても、すべてが木本君の肩にのしかかる事になったのだ。そこには当事者でなければわからない苦悩、寂しさ、しんどさ、そしてまた喜びがあった事と思う。

　しかし、木本君は、そこで終わらないのがすごい。きっと自分のように予期せず父子家庭となり、右も左もわからずに困っている人がいるはず、その一助となれば、と自らの経験談を語り、NPO法人を立ち上げて地道に発信し続けてこられた。苦しい状況に負けるどころか、他者に

対して思いやる気持ちが持てる木本君はほんまにえらいと思っている。

　父子家庭と聞くと、これまではどちらかのおばあちゃんが助けるだろう、などと無意識に考えていたように思うが、現実はそういう助けが得られない人の方が圧倒的に多いのではないか。最近はジェンダーレス、男女平等という事が取り上げられるが、木本君の生き方を通して、その本質を考えるきっかけになるのではと思う。いつの世も本音と建前があるが、我々が知らず知らずのうちに培ってきた古い価値観、例えば仕事より育児や家事を優先するようではダメだ、育児休暇を推奨されるが休めば出世に響くのではないかという不安、子育ては結局は母親が主にするものだ、等々数え上げればきりがないが、あるべき論に縛られる事なく、状況に応じて臨機応変な考え方、対応ができること、男女の枠にとらわれず、各々の適性を活かして、助け合える社会、そういう未来を目指して行けたら住みやすい世の中になって行くのではないか。

　こんな事を考えるきっかけをくれたのが木本君です。木本君、これからも息子さん達を見守って行かれると思いますが、これからは自分の幸せも大事にしてや！

10月　公益社団法人京都青年会議所「月例会」

木本努氏が示した父子家庭の現実と社会貢献への歩み

㈱岡野組代表取締役　岡野　真之

　1996年から2003年まで所属した一般社団法人京都青年会議所には、前職のオーナーがOBであったことからサラリーマンとして入会。当時約400名の会員のうち、サラリーマンは10％もおらず、多くがオーナーや起業家だった。そこでリーダーシップと人との繋がりを学んだ。そして今回、理事経験のない異例の立場で、京都青年会議所の10月例会に登壇することになった。＜木本＞

　私が10年前に公益社団法人京都JCの理事長をさせていただいていた際に、木本努氏に例会でご講演いただいた。

　当時この例会はMTセミナーといって、現役メンバーの資質向上を目

的として京都JCを卒業した先輩にJCや社会、仕事でのご経験等をご講演いただくことにしており、数多くの先輩がおられる中で木本先輩のご経験が現役メンバーのためになると担当委員長が推薦してくれたことがきっかけだった。

　父子にせよ母子にせよ、片親で家庭を支え守ることは大変だということは想像していたが、ご講演を通して父親が仕事をしながら慣れない家事や育児（今ではそれを得意にする父親はいると思うが）をすることは大変で、思春期は特に母親に甘えたい子どもの心の支えを父親が務めるのも難しく、更に母親のグループに父親が飛び込むにも勇気がいるなど、自分に置き換えれば果たして木本先輩と同じような立場になれば自分にできるのかとしみじみ思ったことを思い出す。

　木本先輩は相当ご苦労されたと思うが、隠すことなく赤裸々に語ることで父子家庭の現状を社会に広め、同じ境遇にある父親を支え励ますために様々な活動を継続して来られた意義と功績は、多様化が進む現代社会にとって大切な財産だと思っている。そして、子ども達はそれぞれ立派に成長され、父親と家族を大切にしておられることを先ごろ伺い、同じ父親としても木本先輩を尊敬している。当時講演を引き受けていただいたことによりこの例会の目的を達成されただけでなく、10年を経てなおJCの三信条にある「社会への奉仕」に繋がったと信じ、木本先輩に感謝している昨今である。

2014年MTセミナーを通して

双葉メンテナンス工業㈱　代表取締役　山下　耕平

　京都青年会議所10月例会に招聘いただきました。25歳から40歳までの青年経済人が集い、人づくり、まちづくりを事業で行い、リーダーシップと人の繋がりを学ぶ場でした。私も32歳で入会し8年間活動をしました。現役の頃に理事も経験していないのに招聘されてことにビックリでした。招聘いただいた担当委員会委員長山下耕平さんから感想をいただきました。＜木本＞

　2014年当時、私は京都青年会議所の徳育実践委員会という委員会の委員長を務めており会員に向けてセミナーとなるような例会を2回企画するという役割がありました。

　青年会議所の例会は候補が上がっても理事のメンバーがとことん議論をつくしあらゆる角度からセミナーや講演の内容が1年間の事業目的を達するかなど質疑がなされ一筋縄ではいきません。特に例会での先輩の講演では現在の活動はもとより過去どのようなキャリアで活動されていたかも議論がなされる中、メンバートレーニングセミナー例会の講師を探しておりました。

　そんな中、倫理法人会での木本先輩の講演を聞きに行く機会がありました。これまでたくさんの講師の講演やセミナーを受講してきましたが、木本さんの講演を通して講師というより一人の人間としてのリアルな葛藤や悩み、苦しみが伝わってきました。木本さんの体験は私にとって想像をするに余りある講演でしたが、またその中からも木本さんの主夫になるという決断や少しでも前に進もうとする姿は（何を言ってもチープな言い方になりますが）胸をうたれ、日常のあたりまえに対する感謝やいろいろな感情が溢れこれは、子育て世代でもある青年会議所のメンバーに先輩の話を聴くべきだと胸が熱くなったことを思い出します。

　子どもができた今、会社経営をしながらもしも木本さんと同じ父子家庭になった場合自分はどんな決断ができるだろうかという答えは出せそうにありませんが、木本さんのこれまでの活動が社会に大きな影響を残してこられたのはすべての家族に様々な考えるきっかけをいただいたのではないかと思います。これからのご活躍を一層お祈り申し上げます。

2　2015年

1月　学校森島学園 認定こども園「甲南幼稚園」

木本さんが照らした育児の現実と変革の必要性

学校森島学園 認定こども園「甲南幼稚園」園長　森島　和博

　2015年に講演会に参加していただき、その繋がりから幼稚園の保護者向けに講演会を企画いただきました。当時は話す内容がリアリティすぎたと思う。子育ての奮闘や親としての成長について、今ならもっと上手に話せたのではないかと反省しています。<木本>

　私が初めて木本さんの講演を拝聴したのは2015年のことです。所属していた甲賀市商工会のセミナーの一環として木本さんにご講演いただきました。

　私自身は小学校教師を退職し、父が経営する幼稚園の園長を任され、まだ３年ほどが経過したという頃でした。小学校の教師時代と違い、保護者が直接送迎する幼稚園や保育園は、保護者と接する機会が圧倒的に多く、それぞれのご家庭の事情もより密に把握することができ、時には保護者からの相談に応じることもあります。なので、木本さんの講演は非常に楽しみにしていました。

　講演当日、淡々とお話をはじめられた木本さんでしたが、その口調とは違い、内容はいきなり壮絶なものから始まりました。癌宣告からわずか数日で奥様が他界される。しかも３人の育ち盛りの子ども達を遺して…。

　一体どれほど大変な日々を過ごされたことか。ただ、こういったことは決して他人事ではなく、どのご家庭にも起こりうることだとも思いました。もっと色んな人、特に若いお父さんたちに聴いてほしいと思い、木本さんと連絡先を交換し、幼稚園での講演会のご依頼をさせていただきました。

　翌年、私が勤務する幼稚園での保育参観後に講演会の場を設けましたが、保護者の方々は皆さん真剣な面持ちで聴き入っていたのを今もはっきりと覚えています。残念ながら「お父さん」の参加者は１割程度だったように思います。

　男女平等や男性の育児参加が叫ばれていますが、未だ日本は「男は仕事、女が家事や子育てをする」という風潮が拭い去れていません。実際、幼稚園の様子を見ていても、夫婦ともにフルタイムで就労されているご

家庭でさえ、送迎は「お母さん」が多いです。

　政治家の男女比率、男女の所得差、男性の育児休暇取得率。日本はまだまだ変わらなければなりません。木本さんの活動がその変革の一翼を担っていることは言うまでもありません。

　お体に気をつけて今後もますますのご活躍をお祈りしています。

３月　京都紫明ライオンズクラブ

ツトムへの想いと歩み、強く生きた10年とともに

京都紫明ライオンズクラブ　村田　和久

　中学・高校の同級生で夫婦揃って親しい友人の村田さん。訃報を伝えた際、電話の音が普段と違っていたのが印象的でした。2015年3月には、彼が所属する京都紫明ライオンズクラブから講演に招かれました。講演後、村田さんからは「感想以上に感情があふれ出てしまった」と連絡をもらい、彼の想いが深く伝わってきました。親友として、彼との絆を感じた瞬間でした。
＜木本＞

　その知らせは突然のことでした。

　私がイタリアフィレンツェに滞在しているときの真夜中の電話でした。親友のツトムから「村田、俺の奥さんが亡くなった」と。

　こんな時間（時差で日本では朝方）に悪い冗談と、すぐには到底受け入れられなかった。

　帰国後その現実に深い悲しみを覚えたことを昨日のように思い出します。

　その後のツトムは強かった、いや、強く生きようとして生きた。

　子育てだけで大変なのにそのさまざまの体験をこの世の父子家庭で頑張っているお父さんたちに発信しようと進取果敢に取り組んだ。このことはたくさんの父子家庭のお父さんがどれだけ勇気づけられたことだろうか、またお母さんたちにも支持を得た。こんなに主婦は大変なのだと世間に理解されたことは大きかった。

　そしてその活動も10年を迎え子どもたちも成人をした。ここで一区

切り、とりあえず「ツトムご苦労様でした！」

　天国で富美ちゃんが待ってるよ、せっかちな富美ちゃんは家族を迎える用意はとっくにできているだろうが「慌ててこなくていいよ、もっとゆっくり楽しんでおいで」と言っているに違いない。

8月　㈱ヒトミ

木本さんの決断と父子家庭支援への尽力に敬意を込めて

㈱ヒトミ代表取締役社長　人見　康裕

　京都青年会議所で同期入会した人見さんとは、プライベートでも家族ぐるみで親しくしていました。妻の癌の宣告の時、また死別後も人見さんには常に心配をかけていました。そんな人見さんから、自社の研修会と京都伏見ロータリークラブから講演に招聘されました。＜木本＞

「会社をやめて子育てに専念する」

　そう聞いたとき、驚くとともに、いかにも木本さんらしい決断だなと納得したことを思い出します。そして今その「子育て」を見事にやり切って、集大成としてこの著書を完成されたことに、心からの敬意と祝意を表したいと思います。

　1995年、共に京都青年会議所に入会した同期の中でも、その表裏の無い（無さすぎる）人柄と、配慮の行き届いたリーダーシップにより、常に皆の中心となって活躍されていました。私自身も子どもの年齢が近いこともあって、家族ぐるみでお付き合いをさせていただき、海水浴やＢＢＱ等いろんなところへご一緒したのは懐かしい思い出です。

　それだけに、あの日、木本さんから来たメールには正直愕然としましたし、そのわずか12日後あのようなことになるとは。参列された方皆さんそうだと思いますが、告別式でのお子さん３人の姿に胸が締め付けられ、特に蔵馬君の手紙に涙がこぼれなかった人はいないでしょう。

　NPO設立の連絡をいただき、何もお手伝いできない中で、せめて会員になることと講演の場を提供することだけでもお役に立てればと、自社の協力会社と所属するロータリーの例会でお話をしていただきまし

た。出席していたのは、まさに講演を聞くべき対象である「中年・壮年の男性陣」であります。

「子育ては親育て」「育児は育自」「家事に終わりはない」

　木本さんの紡ぎだす言葉に皆が引き込まれていくのを感じます。いざそうなってみると何もできない自分が容易に想像できてしまい、予期していなかった現実にいきなり直面したような気がするのでしょうか。

「課題を解決するためには、まずその課題を『見える化』しなければならない」とは、経営の現場でよく耳にする言葉ですが、「母子家庭」に比べて「父子家庭」の実態は世間にほとんど知られていないのが現状ではないかと思います。その意味でも木本さんの活動は非常に貴重な意味のあるものだったと確信しています。

3　2018年

9月　ダスキン東海エリアチャレンジクラブフューチャー8月勉強会

父子家庭への理解と寄り添う姿勢

ダスキン蒲郡　鈴木　登

　前職のつながりで招聘いただいた。一般社員が管理職を経て代表取締役に就任する。どんな心構えで仕事をしていたのか、どんな思いで社員教育をしていたのか。前職で経験したことを伝えながら、妻との死別、子育ての奮闘などをお伝えしました。＜木本＞

　初めて「父子家庭」と聞いた時、離婚時に母親が親権を獲得する割合が約9割の日本では、母子家庭と比較して非常にレアなマイノリティだと決め込んでいました。

　しかし、木本氏の講演を拝聴して、こうした状況になってしまう要因は決して離婚だけではなく、病気や事故・自然災害など誰にでもいつでも起こりうる可能性があることを痛感致しました。そして、どのような形であれ当事者のご家族の皆様には想像を絶する深い悲しみが訪れ、それらを克服することは決して容易なことではありませんし、将来必ず克

服できるかどうかも分かりません。

　講演中、「あれから時も流れた。そろそろ心の傷も癒えただろう？」という一言が一番辛かったと語られておりました。確かに時間の経過が様々な問題を解決してくれることはあります。しかし、だからと言って全ての方々の悲しみに通用するとは思えません。

　弊社にも多様な環境のスタッフがいらっしゃいます。また、自身を含め未来は誰にも分かりません。ただ、木本氏から学び生涯実践しようと心に誓ったことは、まず悲しみの克服を決して強いる人間にはならない。そして、悲しみを背負われた方々に対しては、そっと寄り添える存在となれるよう努力を続けなければならないということです。

　最後になりますが、私が今後歩む人生において非常に大切な気付きを教えて下さり、心より感謝申し上げます。

4　2019年

4月　2019さくら祭り

私を目覚めさせた木本さん

講演家・『Plan-B』著者　岸本　真弓

　さくら祭りは、主催者のご友人が交通事故で亡くなられ命日の日に沢山の方の繋がりと協力で800人近く動員されているのにはびっくりしました。また私の後に有名な講師の方も登壇されるので会場は熱気で溢れておりました。その後岸本さんと交流がはじまり、岸本さんもご自身の経験を発信された書籍や講演活動を行っておられます。

　また、安田さんには、2019年4月のさくら祭りと2019年8月ワイズメンズの2回講演を聴講していただいております。女性の視点から父子家庭の子育てはどう映ったのだろうか？今回ご寄稿を依頼しました。＜木本＞

　木本さんが講演するまでの父子家庭のイメージと講演後の感想　私は普通の主婦で、2人の女の子を育てて来ました。主人は仕事にすべてをささげる　会社人間だったので、子育てのすべてを私が引き受けていた

状態でした。私は、子どもが小さい時は保育園に預かってもらい、短時間の教育関係の仕事をしていました。

　それでも大変だと日々感じていました。でも木本さんの講演を聞いて、突然父子家庭になってしまったその生活は想像を遙かに超える大変なものだったことがわかりました。

　子どもを育てながら、お仕事への責任感もある中で、子どもと向き合おうと、もがき苦しむ姿を想像し、何度も涙がでました。思い出せば事情はわからないものの、小学校の懇談会に父子家庭のお父さんががんばって来ておられました。でもその時はお声をかけることすらできなかった私。

　木本さんがずっとやってこられたように、父子家庭の方の発信がとても大切なように思いました。知らないから、何もできない・・木本さんのような方の体験を多くの方々が講演で聴き、知るということの大切さを痛感しております。子育ては一人ですると大変です。でも大勢ですると、大変が少し楽しいものに変わります。父子家庭のお父さん同士の交流が増えることを心より願っています。

木本さんを知って

Y.K

　不思議なつながりで出逢い他の講演会にも推薦いただくことになる。そんなにも自分の発信が他人の心を動かすのかと自問自答で講演をしたことを覚えています。口コミで広がるきっかけいただきました。＜木本＞

　木本さんを初めて見たのは、テレビに出られていたのを観て「あれ？仕事場の得意先の人？」「テレビに出られていました？」って、声をかけたのが、きっかけでした。その時に、父子家庭だということを知りました。

　講演会をされているのでしたら、「詳しく知りたいなぁー」と思い、小学校の講演会にお邪魔して、更に詳しく知ることになりました。

　急に父子家庭になった時の大変さは、ほんとに計り知れないし、亡く

なられた悲しさや、寂しさを忘れてしまうほど、家事、子育て、仕事と父親、母親、両立の難しさが、伝わりました。

その中で、仕事を辞めて子どもと一緒にいることを、決意されますが、その時はすごい大変な決断だったとおもいます。ママ友だったり、お友達から教えてもらったことを、素直に受け止めて、すぐ行動されること、素直さが上手くいく秘訣なのかなと、思っていました。

講演会に行かせてもらったり、本を読みましたが、グリーフケア、遺族年金、知らないことも多く、とても勉強になりました。特に家族を亡くされた方に対する、言葉かけは、とても気をつけるようになりました。

こういう発信が、いろんな人のためになるし、これからは、また違う形で、発信されることを、楽しみにしております。

7月　京都市立下鴨小学校PTA

人生という映画

瀧本　桂代

　息子達3人が通った小学校での講演会。お世話になったのに何もお返しすることが出来ない。出来ることは講演すること。当時のPTA本部役員の方にお願いして寄稿いただきました。＜木本＞

木本氏のことを知ったのは、7～8年前になる。その当時、私は小学校のPTA役員をしていた。父ひとりで男の子3人の子育てをしている、すごいひとだと人伝えに聞いた。

詳しい事情は知らない。シングルファーザーという肩書を持つ人にそれまで会ったことがなくシングルマザーよりも大変そうだなという偏った思いがあった。それは世間一般的なシングルファーザーに対して思うこととそう変わらなかった。

どういう事情にしろ、それまでは奥様がおられて主としてお子さんたちの世話を担ってこられたであろうその人が不在となる。人によっては任せきりだったということもあるだろう。そんな日々から一転。我が子

の命を全面的に自分一人で背負うということの難しさ。物理的に、また心理的にも誰かに頼らなければその重みに耐えられなくなるのではないか。そんな風に考えている自分がいた。

　あるとき小学校の保護者向け講演会で拝聴する機会をいただいた。どんな経緯で、どんな思いで奥様やお子さんたちに向き合ってこられたか、著書を拝読していたこと以上に、より鮮明に伝わってきた。誤解を恐れずに言うなら、彼の人生は映画である。

　自分の経験値を超えた現実に悩み、助けを求め自分にとって、お子さんたちにとって何が大事なのか、真摯に心を見つめて進む道を決めて来られた物語があるのだ。ただ、悲壮感は感じられない。もちろん奥様を失ったこと、世間に理解されないこと、様々な理不尽なことに対して感じていることはあるだろうが、ただ悲しくてうずくまっているという感じは見受けられなかった。

　なんのために生き自分にできることは何かを考え、誰かのために行動を起こす、彼の行く先に温かい道が続いていることを願っている

９月　西京区民生児童委員研修会

木本さんのメッセージを聞いて

保健師　粟津　佳子

　地元の左京区役所でお知り合いになりました。その後講演会に参加いただき移動された西京区の民生児童委員さんの研修会に推薦いただき講演させていただきました。＜木本＞

　木本さんとの出会いは、保健師であった私が「健康に関して市民からの意見をもとに取組を考えていきたい」と思っていた時期に、同僚から紹介してもらったことがスタートです。

　木本さんが活動されているNPO法人「京都いえのこと勉強会」のことを教えていただこうと午前に依頼メールを送信し、その日の午後に「木本です」お電話をいただきました。行動力の早さにびっくりしたのを覚

えています。

　木本さんの講演会に参加し、活動するに至った奥様との突然すぎる別れ、専業主夫を選ばれた時の思い、そして現在進行形の子育ての話を伺いました。インパクトがあったのは、漢字で表現する「お父さん」からひらがなの「おとうさん」に変わったというご自身の変化です。

　「子どもたちが愛おしくて」と表現されていますが、子どもさんたちにとっては丸ごと包み込まれているような安心感で一杯であったのではないかと思います。また、その木本さんの包容力は、私もそうですがご家族以外の多くの方々も感じられたのではないでしょうか。

　ひとり親家庭、とりわけ父子家庭の方の生活の大変さはなかなか表舞台に出てきません。お父さんの踏ん張りは相当なもので「家庭をとるか、仕事をとるか」という大きな選択を迫られるぐらいのことにも関わらず、です。木本さんの「父子家庭が世に認められ、お父さんと子どもたちが生き辛くならないようにしたい」という思いの講演会や本の出版によるメッセージ発信は、多くの方にエールを送ることになりました。

　木本さんがおとうさんとして子育て生活の中で語られたことは、すべての人に贈りたいとても大切な子育てのメッセージだと思っています。

9月　京都府社会父子大会

父子家庭支援の方向性を示していただいた

自治体職員

　2019年9月。第68回 京都府社会福祉大会に登壇。「お父さんからおとうさんになりました〜シングル父さん子育て奮闘記〜」をテーマに80分の講演。笑いあり涙ありの80分の講演でした。講演後「父子家庭の話はなかなか聴けないので」「泣いて、笑って最後にまた泣きました」とコメントをいただいた。京都府が主催される大会で一番大きな大会でもあった。＜木本＞

　私は、2008年からひとり親家庭（母子家庭・父子家庭）を支援する部署に配属され、様々な支援施策を進めてきたところであるが、当時のひとり親家庭施策の多くは、「母子家庭」を中心に組み立てられていた。同

年秋に発生したリーマンショック後の支援施策も母子家庭支援を中心に進められ、父子家庭への支援は、母子家庭等支援の"等"に含まれる程度であった。

ただ、この間、2010年8月からこれまで母子家庭のみに支給されてきた「児童扶養手当」が父子家庭も支給対象となり、2014年には母子家庭・寡婦を対象にした生活支援金や修学資金の貸付である、母子寡婦福祉資金に「父子福祉資金」が追加されるなど、父子家庭も母子家庭同様の制度化が進められてきたところである。

一方で、制度は充実してきたものの、制度を活用する父子家庭は少なく、父子家庭の生活や困り事など、その実態はわかないことが多く、支援も待ちの姿勢であったことは否めない。また、京都府内には、父子家庭同士が集まる「父子会」は組織されていたものの、母子家庭のような全国的・都道府県単位などの取組になっておらず、取組も限られていたこともあり、父子家庭の具体的な悩みなどを聞く機会は限られていた。

このような中、2019年の京都府社会福祉大会において木本さんにご登壇いただき、父子家庭の生活、苦労などの具体的なお話をいただいた。主な参加者は、府内の福祉関係者、ボランティア活動に携わる方々であり、これを機に、京都府内でも多くのご講演等をいただくことにもつながり、父子家庭の生活実態を明らかにしていただけたことは、多くの福祉関係者等に父子家庭支援を進めるきっかけを与えたと考えている。

最後に、私自身、中学生のときに父を事故で亡くし母子家庭となった。当時は、インターネットもなく、奨学金等の支援情報は学校からしか入手できなかった。学校からは、一般的な支援策の説明はあったものの、個々の状況に応じた説明はなく、もう少し生活に困った家庭に寄り添った行政が必要と感じ今の仕事を志した。この間、ひとり親施策、こどもの貧困対策などに携わることができ、教育の無償化やこども食堂など、こども目線での施策が進んできたことは大変喜ばしいことだと考えている。急に親がいなくなるなど、家庭の事情により子どもたちの将来が左右されることがないような世の中になることを切に願うところである。

5　2020年

10月　ドリームプレゼンテーション

父子家庭のリアル、一人の父が示した愛と成長の物語

原山　瑛蓮

2020年8月、東京都港区立男女平等参画センターでの講演をきっかけに、不思議なご縁で講演依頼を受けた。10月、8名のグループが京都を訪れる際に講演を頼まれた中に原山さんがおられた。その後も交流が続き、さまざまな助言を受ける中で、原山さんから「埋もれている父子家庭を掘り起こすのがあなたの役目」と励まされている。＜木本＞

この度は、ご出版おめでとうございます！

木本さんにお会いしたのは、数年前。勉強会の仲間たちと、京都の鞍馬山と貴船神社を巡る計画を立てたとき、友人の一人が「京都に行くなら、すごい人がいるの！」というお誘いからのお話会になりました。

この時、初めて「父子家庭」という言葉を聞きました。正直、あまりなじみのない言葉に戸惑いながら、「お父さん一人で頑張っているご家庭が、本当にあるんだ…」と、お話を伺いました。

奥さまが先に旅立たれ、でも次の日から、三人の育ち盛りの息子さんたち（11歳6歳2歳）は、待ったなし！の現実。「何をどうしたらよいのか、全く見当もつかなかった」というご状況は、痛いほどお察ししました。家事のひとつひとつ乗り越え、お子さんたちの声に耳を傾け、日常をやっと維持していくことで精一杯…との言葉に、「すごい人」の意味がずっしり伝わってきました。

「母子」家庭とは、よく聞きますが、「父子」家庭。それまでは、"父子家庭は、ご親戚などのご協力があってのこと…"と理解していましたので、「お父さん一人」が全てをこなしているご家庭があることは、正直知りませんでした。特に木本さんのご家庭では、お父さんの頑張りは想像を超え、さらにお子さんたちがそれぞれ助け合ったり、心配し合ったり、普通の家庭以上に、親も子もちゃんと向き合っていらっしゃるこ

とが伝わってきました。そして、「お父さん一人！の父子家庭」の存在は、もっとたくさんの人々に知ってもらいたいと思っています。

　木本さんには折に触れ、お話を伺う機会があり、お子さんたちのご様子のその先には、いつも「妻が一緒です」と穏やかにお話くださいます。そして今、ご長男さんのご結婚、次男さん大学生、三男さん高校生。見事に子育てをされて、天国の奥さまもどんなにお喜びのことでしょう。ご出版を期に、今後の益々のご活躍を応援しております。

6　2021年

7月　京都ノートルダム女子大学講義

　2021年5月「父子世帯の父の視点から考えるライフキャリア」。コロナ禍の中ビデオ撮りで、後日オンデマンドで視聴をされた。毎年思うのは女子学生さんには父子家庭がどのように映るのだろうか？毎回興味津々であり、感想文から気づかされることが沢山ありました。＜木本＞

心を動かされた講演

学生A

　本日は貴重なお話を聞かせていただきありがとうございました。

　改めて父子家庭ということの大変さを知りました。仕事のイレギュラーに対する対応と子育てに対するイレギュラー対応は違うということを知りました。

　三人の子どもを育てることは簡単なことではありせんが、一人ひとりの気持ちの変化に気づき、子育てをしている木本さんは素晴らしいなと思いました。もし自分の母親がいなくなってしまうと考えると、これからのことに対して不安と悲しみしかありません。ですが、木本さんのお話を聞いて、悲しいということを乗り越えて、新たなことに挑戦をし、子どもたちのためにがんばっている姿に私はすごく心を動かされました。

　またママ友というのはすごく大事だなと思いました。今までわからな

かったことも全部教えてくれたり、母親同士だけでなく、親同士のつながりも大事なんだということがわかりました。

　今現在、男性が中心となっている社会ですが、私も女性がリーダーまたは役員として、会社で活躍する必要があると思います。

　役割分業という考えを少なくしていき、男性も育児休業を取得できる社会になることを希望しています。男性が育児をすることにより、子育てもキャリアもアップすることができ、子育ては一人でするものではなく、夫婦両方で協力する必要があると思いました。

　これから木本さんの映画化される作品をぜひ見たいと思いました。今日の講義から、私の考え方や気持ちのあり方など自分を変えることができたと思います。これからも頑張ってください。本日は本当にありがとうございました。

行動力に感動！

学生B

　今回の授業では木本さんの行動力に感動しました。

　奥様が亡くなられてから今まで行ったことのない子育て、家事に取り組むことは非常に難しいことだと思います。また、仕事一筋というのを主夫として切り替えていくことは不安や葛藤も多いことだと思います。

　子どものSOSに気づき、仕事を辞めるという選択をするのは簡単なことでは無いです。その後発信していき同じ状況の方の支えになり、また女性の労働についても考えておられる姿勢に感銘を受けました。

　女性にとって男性脳だけで考えられると「なんでわかってくれないの」とイライラしたり葛藤があると思いますが、母親脳を持っている、理解してくれる男性の方が職場にいるということは子育てやその後のライフキャリアにとって強い味方だと感じました。

　これは今までの経験が他の人たちの役に立ち、支えになっていると思います。父親がいる、いないに関係なくこのような考え方がある方が増えていくと女性の働き方も変わるし、育児、生活も共同になっていくと

思います。父子家庭の方以外、お父さんにもこのような記事を見ていただきたいです。将来家庭を持ったときには木本さんの記事を読んでほしいなと感じました。

育児は育自という考え方に共鳴

学生Ｃ

　今回の講義で自身の大きな学びは、「育児」は「育自」と言いかえるという考え方に触れられたことです。

　ポイントは２つあります。一つは、子供と真剣に向き合いながら家事だけでなく多くのマルチタスクをこなしていかなければならないこと、二つ目は、育児を自身のキャリアアップにつなげていくことです。

　私の家庭は両親が共働きでした。いつも延長保育でお迎えに来てもらっても、そこから母の職場に戻り母の仕事が終わるまで待ったり、自宅でご飯を食べるより外食で済ましたりすることが多かったです。

　父は、朝早くから夜遅くまでずっと仕事をしており、あまり一緒に時間を過ごした記憶がありません。私がちょうど年中さんの時に、母が仕事ばかりをしていたことから寂しさが募り、保育園で荒れる時期がありました。それ以降は、母は仕事量を減らし、私と向き合ってくれる時間が増え、とてもうれしかった覚えがあります。

　しかし、木本さんの講義を受けるまでの私は、育児よりも自分の仕事（キャリアアップ）を優先しよう、仕事での自己実現を強く意識するあまり育児は仕事の次ぐらいの順位で考えていましたが、木本さんが仕事を退職してからお子さんの良い変化についてのお話から、自身の経験を思い出しはっとしました。

　子供の成長は一瞬で、子供の小さな変化やSOSに気付くことがとても大切であり、併せて日々の生活の家事も取り組みマルチタスクをこなすことによって、「育自」に繋がると考えます。

　そして、そのようなマルチタスクをこなすことによって、仕事でもそのスキルが活かされてくるのではないかと思いました。それは自身の

キャリアアップに大きくつながると思うため、育児・家事・仕事を両立していきたいと思います。そして、そのような女性が会社の管理職で居られたら、ロールモデルになりますし、その方たちの価値観はとても必要とされていると思います。

　女性のライフキャリアとして出産育児は決してマイナスや自己のキャリアアップをはばかるものではないと木本さんの講演を通して強く確信しました。

　P.S. 木本さん、映画化とても楽しみしております！！

実は亡き奥様に支えられたのでは・・・

学生D

　私は今まで9回「女性とライフキャリア」の授業を受けてきましたが、一度も、「自分が死ぬ」という前提で、物事を考えたことがありませんでした。

　自分のライフキャリアを考える時に、「パートナーが病気になったら？パートナーが亡くなったら？」など、パートナーに関するリスクは思い浮かんでも、自分が病気になったり、死んだりした時に家族が背負うリスクについて考えたことなど無かったのです。

　それだけに、今回、木本さんの奥さまが突然亡くなられ、その後も残された家族の生活は続いていくというお話に動揺してしまいました。妻が亡くなった直後に哀しいという感情が湧かず、とにかく日々の生活を続けることで精一杯で、父子共に妻の死を受け入れ、ようやく泣けるようになったのが4年後だったというお話に、母親のいない子育てや日常生活が、どれだけ重く大変なことだったのかを感じました。

　そんな状況の中で、木本さんがブログを始めたり、「ママ友」とつながったり、敢えてPTAや地域の活動に積極的に参加されたという姿勢に驚き、「だから3人の息子さんたちは真っすぐ育ったんだな」と思いました。

　子どもを育てることで親も育つ、「育児」は「育自」だと教えてくださったママ友も素晴らしいし、「父親の代わりはいない」と考え「専業主夫」

の道を選ばれ、父子家庭のためにNPO法人を設立された木本さんも素晴らしいです。でも、よく考えてみると、素敵なママ友との繋がりを遺してくれたり、遺族厚生年金を遺して、経済的不安を軽くしてくれたり・・・木本さんの「子育てドラマ」の台本を書いておられるのは、実は奥さまなのではないかと感じました。木本さんの本が映画化されたら、総監督は奥さまだと思います。

　私自身、結婚して子どもを産むかどうか分かりませんが、今回のお話を聞いて心に決めたことがあります。それは、もし家庭を持ったら、私が突然いなくなった時に残された家族が戸惑わないで済むように、パートナーに家事や子育てを「一緒にしてもらう」ことです。

　また、遺族厚生年金のことなど私は全く知らなかったので、やはり法律や制度の勉強もしなければならないと思いました。そして、もし企業に就職するなら、役員に女性を起用している企業かどうか調べ、子育てをした後、職場復帰しやすい会社への就職を目指したいと思います。

　子育てすることが、就業することに不利に働くのではなく、逆に働く際のスキルアップに繋がるのだと考えると、とても明るい気持ちになります。ただ、子育てをプラスに捉えてくれる企業が増えるかどうかが問題だと思います。木本さんの関わっておられる企業主導型保育事業などは、産後の女性の職場復帰の大きな助けになると思うので、もっともっと拡大して欲しいです。木本さん、まだまだ頑張ってください。

　木本さんの著書、『シングル父さん子育て奮闘記』是非読みたいと思います。そして、いつの日かカンヌ映画祭で、レッドカーペットを歩く木本さんの姿を拝見するのを楽しみにしています。その時は息子さんたちも「原作」の主人公として一緒に歩いて欲しいなと思います。

11月　NPO法人京都いえのこと勉強会　講演会

　2021年11月13日に当法人が開催しました「父子家庭になって12年、寡夫になるまであと３年」で勉強会を開催しました。この勉強会に参加されました学生さんの感想です。＜木本＞

想像以上の大変さを学ぶ

学生 E

　ひとり親世帯に対して否定的なイメージが存在していることに衝撃を受けました。ジェンダーをはじめとし、さまざまな社会的場面で多様性が認められてきていると感じている現代で、そのような意見があるのかと驚いたからです。また、これはひとり親世帯に対する知識理解が乏しいことを示していると考えました。

　知識理解が乏しいといえば、ステレオタイプに囚われているという問題が挙げられるでしょう。しかし、それ以上に、自分や周囲の自分と近い人がひとり親世帯を形成した時に、適切な制度を利用することが（助言が）できないという大きな問題点が浮上するのではないでしょうか。

　そうすると、親が子どもを優先できない（子どもが可哀想）・経済の困窮などといったステレオタイプ的な事象を裏付けしてしまうと考えます。そのような事態を防ぐために、義務教育のうちに学習する機会を与える必要があると感じました。

　また、デリケートな内容であり、家庭内で話すことが難しいと想定したため、教育機関がその役割を担う必要があると考えます。

　このセミナーを聞く前までは、漠然と父子家庭での子育て、またひとり親家庭としての子育ては、2人親家庭に比べて大変なんだろうなと思っていましたが、セミナーを聞いて想像以上にひとり親家庭の子育ては大変なことを学びました。

　特に、具体的に何が大変なのかを実際にひとり親である木本さんや、親がひとり親であった方の言葉は、リアルな言葉なのでイメージがより強くなりました。そこから、今の日本の会社での制度、社会の中にある父子家庭に対する目、日本全体での意識など、どこから生活のしにくさが生まれているのかを知ることができました。

　印象的だったのは、母子家庭と比べて父子家庭はどこかまだ安定しているのではないかという意見が周りからあったというお話です。これを聞いて、私にも少しその考えがあったなと感じました。お金があるから

大丈夫ではない、男だからという差別が意識しなくともあったなと反省しました。これからは、まず自分の見方を変え、偏見をなくすことから始めようと思います。

　とても貴重なお話をありがとうございました。

胸にひびいたお話

学生F

　今回の公開セミナーで、私は父子家庭についてより深く知ることが出来たと思う。ひとり親家庭と耳にすると、私は母子家庭の方を連想してしまう。そのため父子家庭について授業以外で自ら考える機会はほとんど無かったからだ。

　私が今回のお話で特に印象に残ったのは、妻と死別し父子家庭になった後の対応についてだ。それまでは家事育児を妻に一任していたが、父子家庭になった途端、環境が急変する。家事スキルゼロの男性が突然100を求められるという状況がどれだけ大変なことであるのか。木本さんのこれまでの経歴やお話を通して初めて知った。

　例えば、ひとり親家庭の人がSNSで悩み事を呟いていたとする。仮に私がその呟きを見ていたとしても、正直大変そうだなぁとどこか他人事のように受け取るだろう。

　それは私の身近にひとり親家庭の人がいないために、実感が湧かずうまく想像出来ないからだ。けれども今回木本さんのお話や、あしなが育英会奨学生である田中さんの経験談を聞き、ようやく本当の意味で理解することが出来た。特に木本さんのお話は胸に響くものがあった。これからは父子家庭についても目を向けていきたいと思う。

　今回は貴重なお話をして下さり、本当にありがとうございました。

企業のひとり親家庭への理解の必要性痛感

学生G

　今まで自分が抱いていた、「父子家庭」や「ひとり親家庭」へのイメージや考えが大きく覆された。正直なところ、私自身も「ひとり親家庭」に対して少しマイナスイメージを抱いてしまっていた。自分が気がつかないところで、ひとり親家庭に対して差別的な発言や見方をしていたのかもしれないと今回のセミナーを通して気づかされた。

　今の日本社会では、まだまだ育児と仕事の両立が難しい環境の企業や職種の方が多いと私は感じる。都市部や大企業などでは、様々な制度が導入されニュースになっているが、地方や中小企業などではまだ子育てと仕事に対しての制度が整っていないという声を地元企業に就職した友人や先輩から耳にした。

　私の周りにも19歳で出産後すぐに離婚をし、地元でひとり親として子育てをしている同級生がいるが、会社からの理解は得られず苦労している声をSNSで耳にした。本来ならば正規雇用で働きたいと思っているがこのような現状がある為、非正規雇用にならざるを得ず、経済的に困窮しているひとり親家庭のニュースも耳にすることが多い。

　今回紹介されていたような企業が、地方も都市部も関係なく全国的に増加し当たり前の形になってほしいと強く願う。

　大学生である私が、今すぐ何かアクションを起こしてこの状況を変えることは難しいが、このような問題に対して自分は関係ないと思わずに常に問題意識を抱くことを忘れないようにしたいと思う。

<u>12月　神道青年近畿地区連絡協議会</u>

家事は手伝うものではなく一緒にするもの

神道青年近畿地区連絡協議会　北川　真喜子

　コロナ禍の中での講演会でした。2014年に子ども達がお世話になった幼稚園で講演。参加されていた方からの推薦で登壇させていただいた。45歳

までの青年神職の方が対象なので、一番ひびくかもしれないと思って登壇しました。＜木本＞

　近畿地区の45歳までの青年神職の研修会に木本先生にご講演をご依頼致しました。父子家庭、シングルファーザーという言葉にいまいちピンときていない中、男性が多い会ですので、是非ともご講演賜りたいと思い実現致しました。

　先生は"育児は育自であって子育ては親育て"と仰っておられました。お母さんがいなくなったことで3人の息子さんらは知らず知らずのうちに不安感が募ってしまい、試行錯誤しながら現実に向き合い、困難に立ち向かっていかれる先生の実体験に皆、聴き入っていました。理解ある人、そうでない人。

　家族においてそれぞれの形があるが子どもの気持ちを感じとり向き合い、そしてどのようにして実際に行動に起こすか、気持ちの切り替えの大事さをご教授戴きました。

　研修会後、このような言葉を耳にする機会が増えました。

「奥さんと一緒に家事やってるか？」って。家事は手伝うものではなく一緒にするもの。父子家庭、シングルファーザーという言葉もそうですが、お父さんにとって家事への考え方が変わる貴重なご講演を賜れたことに感謝致しております。

7　2022年

3月　京都いえのこと勉強会「親の想い、子どもの想い」

父子家庭で育った私が今伝えたいこと

菊地　遥

　2020年、修士論文のお手伝いをさせていただいた。その後NPO法人の勉強会「親の想い、子どもの想い」にも登壇をいただく。父子家庭で育った菊地さんの実体験は、切ないけれどどこかポジティブ。父子家庭で育った子どもの想いを伝えてもらった。＜木本＞

　光栄なことに父子家庭で育った当事者として、自身が京都いえのこと勉強会主催の勉強会にパネラーとして参加させていただき、多くの学びがありました。

　僭越ながら、最後に今一度私が発信したいことを3つここに残させていただきます。

　まず、全ての人へ。父子家庭だから、と一括りに考えることは出来ないと思います。あくまでひとつの家庭の分類であり、同じ家庭は一つとしてありません。困難も喜びも家庭の数だけあります。それに気がつくことが支援の第一歩だと私は思います。

　次に、父子家庭で子育てをする父親の方へ。どんなに辛い苦しい状況でも子どもは親を思っています。伝えられる限りの方法で子どもへの愛を伝えてください。

　最後に、父子家庭で生活する子どもたちへ。今がどんな境遇でもいつかあなたの人生をあなたの力で変えられる時が来ます。ただそんなことを考えなくても良いよう、たくさんの愛を受けて、健やかに育ってください。

　寄稿にあたり何を書こうかと悩みましたが、この場をお借りして私が発信したいことを記させていただきました。

　勉強会への参加をはじめ、大変貴重な機会をいただきました京都いえのこと勉強会の皆様には感謝してもしきれません。

　また修士論文執筆をきっかけとして木本さんや皆様と出会えたことは人生における大きな財産となりました。活動お疲れ様でした。これからもどうぞ宜しくお願いします。

8　2023年

1月　某生命保険会社　京都代理店会

父子家庭の現状と支援の重要性について

石垣　博章

　気づきを得られる講演会だった。生命保険会社の担当者に、自身の経験を話す機会があり、特に妻が亡くなった際の対応や、そのときにして欲しかったことについて伝えた。遺族の立場だからこそ語れることを共有する中で、「シングルマザーにとってはこれが日常ですよね」と言われ、その言葉に確かに納得した。しかし、自分が本当に伝えたかったのは、クライアントである就学前の子どもを育てる夫婦に対して、奥様に万が一のことが起きた場合の現実を理解してもらうことだった。＜木本＞

　父子家庭は、かつてはあまり注目されることがありませんでしたが、近年、その支援の必要性が高まっています。特に、父親が仕事と子育てを両立させる難しさや、経済的な負担は大きな課題です。このような現状を理解し、支援の輪を広げることが求められています。

　私が関わっている保険会社の代理店会で、NPO法人を立ち上げて間もないころの木本努氏に講演を依頼したのは、彼の経験とその取り組みが、多くの人々にとって励みになると考えたからです。木本氏は、3人の子供を残して奥様に先立たれた後、何とか自力で子供たちを育てようと奮闘してきました。彼の経験は、同じような状況にある多くの父子家庭にとって非常に参考になるものでした。

　木本氏はその後、多くの場所で講演を行い、父子家庭の現状やそのそのリアルな実情を訴えました。彼の講演は、多くの人々に勇気と希望を与え、父子家庭支援の重要性を広める一助となりました。私は直接的な支援は何もできませんでしたが、彼の講演を通じて多くの人に共感していただけたのではなかったかと感じております。

　父子家庭が直面する課題は、経済的な困難や社会的な孤立感、育児と仕事の両立の難しさなど、多岐にわたります。特に、父親が一人で家庭

を支えるためには、多くの時間と労力が必要であり、それが子供たちの成長に影響を及ぼすことも少なくありません。

　今後も、父子家庭支援の重要性を広め、具体的な支援策を推進することが求められます。木本氏の講演を通じて、父子家庭が直面する課題を知り、自分自身が今できることを考えて、子供たちが健やかに成長できる社会を築いていきたいと考えています。

２月　伊丹市立男女共同参画センター

逆境を力に変えたシングルファザーの物語

西川　敬一

　40年来の友人。前職でもお世話になった。会社を退職した時に心配をおかけした。講演を始めるにあたってアドバイスもいただいた。そんな友人の前で講演をする機会をいただいた。あれから10年が経過した私の講演であった。＜木本＞

　木本さんとの出会いは20代の頃。社長という立場で仕事をされていた時に奥様が突然他界され、そこから一人で子どもを育てることになられた訳ですが、そこで終わらず、その自分自身の体験を世の中の為に活かしていこうとＮＰＯを立ち上げ、講演活動をされるなど、いつも人の為になることを実践されてこられました。

　私自身、常に木本さん傍にいた訳でなく、実際の講演を聞くまで、正直、シングルファザーについても、仕事と家事の両立で大変だろうというくらいの認識だったのですが、実際に体験をお聞きすると、一人の子どもを育てるということは、単に家事の世話をすることだけではなく、人間として育ていくことであり、心に対峙していくこと。親も成長していくことであり、子どもを育てることがいかに大変かということに気づきました。

　自分自身がいかに子育てを妻に任せきりしていたか。妻に改めて感謝の気持ちも沸いてきました。シングルファザーや子育てへの理解は、講演を聞く前の私のように浅い理解の人も多いはず。木本さんの体験が

多くの人の希望につながることを願っています。

4月　お寺空間企画講演会

胸に突き刺さった「家事は一緒にするもの」という言葉

観音寺住職　山下　健斗

　京都市上京区の観音寺さまの本堂で講演会を開催。遺族の方々が数名参加し、妻を亡くした経験とその後の悲嘆にどう向き合ってきたかを話しました。また、グリーフケアとの出会いや、遺族に対して言ってはいけない「NGワード」にも触れました。遺族同士でしか理解し合えない部分があり、共感したり避けたくなることもあると話をしました。しかし、悲しみと上手に向き合う必要があり講演後には、お寺から発信することの重要性も感じた講演会でした。＜木本＞

　木本様とは私が子供の時から家族ぐるみでお付き合いがありました。そこから時が過ぎて再会し、私が住職をしているお寺で講演をしていただきました。

　私が思っていた父子家庭のイメージは、家庭と仕事の両立が難しそうということでした。また「母子家庭」はよく耳にしていましたが、木本様の講演を聞くまで「父子家庭」という言葉になじみがありませんでした。

　講演を拝聴し、父子家庭に対する社会的支援が少ないという事実を初めて知りました。私も現在0歳の娘がいますが、もし妻が急死したら自分はどうなるのか・どうするのかということを考えさせられました。また印象的だったのは、木本様がおっしゃった「家事は手伝うものではなく、一緒にするもの」という言葉が自分に突き刺さり、今更恥ずかしながら手伝う意識から一緒に家事をする意識になりました。また木本様が前職を退職されて主夫となられてからの御子息の様子が変わられたお話も印象的で、いかに子供と向き合う時間が大切かも改めて感じました。

　私は立場上、人の死に関わる機会が多いのですが、改めて誰であってもいつこの世の人生の終わりがくるかわからないので、常日頃から自分

の大切な家族への思いやりや、家族で支え合うことを忘れてはいけない
なと強く思わされました。

<u>6月　京都ノートルダム女子大学講義「父子家庭の父子の視点</u>
<u>から考える女性のライフキャリア」</u>

共に育む家族の絆

学生H

　いつも思う、たいそうなテーマだと。自分の経験しかお伝え出来ない。
ただ普通のお父さんではない。主夫を経験したことで父性と母性を持ち合
わせているかもしれない。そんな経験が役に立つとは・＜木本＞

　木本さんのこれまでの経験を聞かせていただき、父子世帯やひとり親
世帯のリアルな人生を知ることができ、とても学びになりました。講義
を通して、一番印象に残ったことは「家事は手伝うものではなく、一緒
にやるもの」ということでした。また、一人でやろうとせず、時には周
りの手を借りることの大切さ、コミュニティーに属することの大切さを
実感しました。
　奥様が遺してくださったママ友の繋がりがあったことで、全く分から
なかった学校のことも把握でき、強いつながりを作れたことは非常に大
切なつながりであったと思いました。お話を聞いて、奥様は周りの方と
の交流を大切にされる素敵な方だったんだなと心の底から感じました。
何事もわからないことは一人でどうにかしようとするのではなく、周り
の人の手を借りることもとても大切であると感じました。
　今の女性のライフキャリアを考えると、夫婦共働きが多い中で、まだ
まだ家事育児を女性が行なっている印象もあり、片方だけが子供の学校
のことを把握するのではなく、両方がしっかりと学校行事などを把握し、
積極的に参加していくことが非常に大切であると感じました。これは育
児中の想定外の時の対応も同じで、子供が病気になったときどうすれば
いいか、けがをした時にどうすればいいかといったときに、両親ともに
対応ができることが強く求められると感じます。

　子どもたちと向き合うために28年間務めた会社を退職するという大きな決断をされたことに木本さんの家族への愛とその勇気に感動しました。周囲に止められることがあっても、子どもたちと向き合いたいという気持ちを大切にされたことが本当に素敵だと思いました。

　NPO法人を設立されたり、女性の就労支援をされたり、誰かの居場所を作られてきたことに感動しました。講義を通して、一人で抱え込まず、誰かとの交流や自分の居場所を見つけることができることの大切さを感じました。

支え合いの力と父子家庭のリアル

学生Ⅰ

　今回木本さんのお話を聞き、特に印象に残った言葉やエピソードが3つありました。

　まず、木本さんが「ママ友に救われた」とおっしゃっていたことです。また、「少年野球の保護者がチームに戻っておいでと声をかけてくれ、そこが長男の居場所になった」とおっしゃっていたことも同じように印象に残りました。

　私は公認心理師という資格で対人援助の仕事をしたいと思っているのですが、残された家族の方にカウンセラーの立場でできることというのは、本当はとても少ないのではないかと感じました。

　その後も残された家族の方の人生は続いていくのだから、一時的なものではなく、木本さんにとってのママ友の方々や息子さんにとってのチームのような、それぞれの生活の中で続いていく、助けとなる存在、支えになるような存在や出会いが力になっていくのかなと感じました。

　2つ目は、「グリーフハラスメント」という言葉です。あたりまえだけど、当事者の気持ちは当事者にしかわからない。それは家族であっても、悪気がなくても、相手を傷つけてしまうことはあると思うし、自分も傷つけているのだと思います。会社会長からの「いつまで引きずってんねん」という言葉は、もしかしたら相手を鼓舞しようとして言った言

葉かもしれないし口走ってしまった言葉かもしれないけれど、大切な存在をこの世から亡くすということは、乗り越えるという言葉ではなく、その先も続いていく人生を生きていくことなのかなと思いました。

　最後に、「1人じゃ24時間、夫婦で48時間」という言葉もとても印象的でした。奥様を亡くされたあとに待っていた現実的な大変さをとても理解しやすかったです。仕事と家事の両立で「5年たってもリズムがつかめなかった」とおっしゃっていたこと、2人ですることを1人でやるのだからそりゃそうだよなと思いました。

　私は性別役割分業には良くない印象を持っていたのですが、こういった視点から見ると、ある意味理にかなっているような気もしました。また、退職し1年専業主夫をするという決断をされた時、先輩やご友人から反対され、10人のママ友は賛成してくれたというエピソードにもとても驚きました。男女の違いなのか、仕事脳と女性脳の違いなのか、一家の働き手であるという意識がある立場と子どもを育てるということを知っている立場のものの見方の違いなのか、きっぱりと意見が分かれたことに驚き、立場や意識が違えばこんなにも個人の中の常識が変わってくるのだなと実感しました。男性は男性なりの正義が、女性は女性なりの感じ方や考え方があるのだなと感じました。

　母子家庭の母親が抱える問題として、金銭的な問題がよく取り上げられると思います。木本さんがおっしゃっていたように、育休などの短期的な制度よりも、定時で上がれたりそれ以降は仕事から完全に離れることができる環境づくりなど実用的で現実的に助けとなる制度こそが多くの人が求めていることだと思いました。

　また、母子家庭のより大変な部分が金銭面なのだとしたら、父子家庭ではまた違った、男性だからこその仕事に求められる責任や家事育児、人に頼りにくいことなどが負担になってくるのかなと思いました。

　今回講演を聞かせていただき、とても勉強になると同時に自分の中で考えが深まったことがいくつかありました。とても貴重なお話を聞くことができてよかったです。そして、映画化したときには絶対に見に行きます！！楽しみにしています。

シングルファーザーとしての挑戦と繋がりの力

学生 J

　父子家庭という言葉は耳にしたことはありましたが、仕事等を含めた日々の生活や気持ちの持ち方までは知りませんでした。木本さんの場合、息子さん達がまだ幼い頃に奥さんが他界されてしまったため、なおさら大変だったのだと感じました。

　今回の講義の冒頭で仰られていた「感情よりも仕事」というのは悲しさや苦しさはあったが、やるべき事があったと発言されていました。この時に、やはり女性は家事・男性は仕事というのが頭の中にありました。

　最近では男性も家事や育児を行う時代になってきていますが、木本さんがシングルファーザーとしての生活を始めた当時は少なかったと思います。そのような中で木本さんは息子さん達の育児と仕事と両立されていたのは本当に凄いなと思いました。

　何より、木本さん本人の「会社を辞めて子どもと向き合う」という事が1番大切だなと講義を聴いて思いました。子どもからの些細なアピールや変化に気が付き、反対する人もいれば賛成する人もいた中で、木本さんは子ども1人ひとり大切に向き合い接してきたからこそわかる子どもの気持ちや考えを汲み取れる方だと感じました。

　シングルファーザーとして生活を始めた時期に取り組んだSNSを介した情報発信という行為は自分を含め、他者との繋がりや関わりを深めてくれたに違いありません。特にシングルファーザーは少なからず存在するが情報が少ない現状にあったならば、より良い取り組みだったと思います。

　父子家庭・母子家庭など関係なく片親だと、どうしても困る事は出てくると思います。今回のように父子家庭であり仕事をされている場合子どもの保育園や幼稚園でママ友とどのように接したらよいのか・家事はもちろん料理は何からすれば良いのかなど。

　母子家庭であれば逆に仕事と家事をどのように両立しようなど。そう

いった時に木本さんが仰っていたように、料理教室のように実際に体験型で物事を行えば感覚を掴めて、実際に行えると思いました。

　また、SNSを通じて同じような方や過去に自分が行った事で互いにアドバイスができれば少しは楽に物事に取り掛れるのではないのかなと考えました。

　それだけではなく、ひとり親の方でも働きやすいような場所や環境を作ることも大切だなと思いました。

7月　東京都昭島市公民館講演

日本一お母さんの気持ちがわかるお父さん

坂本　深雪

　2023年7月、東京都昭島市公民館からの依頼で、2回シリーズの講演を行うことになりました。著書シングル父さん子育て奮闘記の「出版前」と「出版後」の内容で実施することに決定しました。坂本さんとはFacebookを通じて繋がっており、講演告知に対して参加の連絡があり、当日に初めてお会いしました。坂本さんは助産師で、講演後にグリーフケアの重要性や、遺族に対して使ってはいけない言葉（NGワード）に気をつけることが重要だと話しておられました。そんな坂本さんからのご寄稿です。<木本>

　私の周囲の父子家庭の多くは、育児家事の協力者として実家の母に妻の役割を担ってもらい日々を乗り越えている。そんなイメージでした。なので　自分事として家事育児のスキルアップを求めて情報発信していく木本さんの活動は不思議でもあり興味をもちました。

　木本さんもきっと何回も「ご実家の協力が大きいよね」と言われたことと思います。もちろんたくさんの方の支えはあったかと思いますが実際、FBで垣間見る木本さんの生活は息子との葛藤、周囲のお母さん友だちとの協力、仲間となった父子家庭の方との交流、とご自身が「動く」日々が綴られていました。それは、育児に悩むお母さんの目線でもあり、妻に相談したいけど自分で妻と父の両方の視点をもちながら子育てする父子家庭の父の日常生活でした。

　家庭を持ち、こどもを育てる中で、うまくいくこと、いかないこと、家族の中での家事の分担や日々のもやもや。仕事を最後まで貫徹したいけれど家の事もする。もちろん頼りになるサポーターはいるけれど自分事として親としての時間を確保する。大変な日々だったと思います。

　そんな木本さんのご講演を聞く機会がありました。

　実際に仕事男性的の中でバリバリと仕事だけをこなす時間が足りなかったこと。経済的にもけして余裕を持つ働き方が出来なかった時期。優先させるべきことを直視し決断された父子家庭の父としての働き方。

　仕事で活躍されていただけに悔しい思いもされたこと。母・妻の突然の死の葛藤を時間をかけて父子家庭として家族の形を築いてき体験は心に響きました。それとともに地域の子育てコミュニティやこどものつながりを大切にして子育てをやり抜く姿勢は前職の仕事の中で培われたお力なのではないかと思います。

　その後の子育て支援を推奨する会社役員となられ、母子家庭の人も働きやすい職場作りとつながる木本さんの生き方は「片親家庭」の生活を体験した木本さんだからこその視点が生かされていました。「日本一お母さんの気持ちのわかるお父さん」そんな木本さんのご経験は数々のひとり親家庭を勇気づけると思います。

６・７月　東京都昭島市公民館講演

シングルマザーとしてシングルファーザーを見ると

昭島市議会議員　ゆざ　まさ子

　2023年６月７月と昭島市で講演した時にご参加いただいたゆざさんです。講演担当者の山本氏から「市会議員さんが参加されます」と聞き、「ありがたいです。」会場には30席が用意され、24名が参加されました。講演中、参加者の熱心な反応に驚き、これほど前のめりで聴講されることは稀だったと感じた。講演後の反響も大きく、ゆざさんからは「父子家庭の現状を発信する人は少なく、非常に貴重でリアルかつわかりやすい講演だった。今後の活動に生かしたい」との感想が寄せられました。＜木本＞

　私は、小学生2人の子供を育てるシングルマザーです。東京都昭島市で市議会議員として2019年に初当選し、同じひとり親が抱える課題解決に向けて取り組んでいます。具体的には、いざという時の子どもの預け先の拡充や養育費等の政策提言を行っています。2023年6月24日と7月29日の全2回で昭島市の公民館主催【父ちゃん子育て奮闘記】に参加し、木本努氏の講演を聴きました。

　シングルファーザーの講演は非常に珍しく、千葉県から参加する方もいらっしゃるほど、当事者の声を聴く場やコミュニティーの少なさを実感しました。

　新型コロナ禍において、多くのひとり親家庭への支援が拡充されました。その多くは貧困層にあるシングルマザーや子ども達への給付金や食糧支援、こども食堂などの形で提供されました。ひとり親は大きく分けて離別・死別・未婚があります。

　厚生労働省の令和3年度全国ひとり親世帯等調査の結果によると、父子世帯では死別が21.3％、母子世帯では5.3％となっています。多くの父子世帯では、木本氏のように妻を急に亡くされた方も多く、仕事との両立や慣れない家事育児、さらには死別による遺族のグリーフケアの支援がまだまだ足りていないのが現状です。

　しかし、自治体では収入が一定程度ある父子世帯は行政とのつながりが少なく、支援が非常に足りていないことが課題となっています。このような状況もあり、「いえのこと勉強会」では、料理や裁縫などを教える教室を開いており、ピアサポート的な場所として多くのシングルファーザーの居場所となっています。この活動は非常に重要であると考えています。

　木本氏の活動や経験を参考にしながら、昭島市でも同様の取り組みを推進していくことが重要であると感じています。ひとり親家庭の声を直接聞く機会を増やし、地域での支援活動を強化していく所存です。今後も一人ひとりが安心して暮らせる社会の実現に向けて、精力的に活動を続けていきます。

　2025年3月31日に一旦区切りを付けられるということは非常に残念

ですが、「父子家庭支援のNPO法人10年の足跡」で、木本氏やご家族、そして支えていた仲間の皆さんの思いがぎゅっと詰まった著書となり、さらに多くのシングルファーザーやその子どもたちに勇気と希望を与え続けることを確信しています。今後の更なるご活躍を期待しております。

当たり前が当たり前でなくなったら・・・

東京都昭島市公民館　山本　雅巳

　　新型コロナウィルス感染拡大の真っただ中、2020年8月東京都港区男女平等参画課で講演。「コロナでなければもっと集まったのですが」と担当者から一言お詫びが。

　　「講演料が交通費よりも少ない？」と出版社の社長に相談すると「東京で話をしないと広まりませんので、必要経費だと思って講演してください」と言われお受けすることにした。

　　講演をすると反応でわかった「父子家庭の話を聴かれたことがない」と。確かにストーリー立てて話す方はいないと思う。何時もと反応が違うと感じる。講演後に昭島市公民館事業担当者の山本さんと名刺交換。

　　「昭島市でもぜひ講演してくだい」と言われた。しかし世の中は新型コロナウィルス感染拡大。2023年2月初めに山本さんから講演依頼が。「新型コロナウィルス感染拡大での規制が解除されましたので是非講演をお願いします。2回シリーズで」に「え？」と声をあげてしまった。そんな山本さんからのご寄稿です。＜木本＞

　　2020年8月30日男女共同参画事業の父子家庭に関心があった私は、港区さんのご厚意により「父さん子育て奮闘記」の講座を聴講させていただきました。講師の先生は、子育てに奮闘する辛さ、大切な人を失った悲しさを涙ながらに訴えていました。一方、子育ての楽しみを心を込めて語っていました。こんなに感情込めて話されている講師は初めてでした。その講師が木本さんでした。

　　そこで、東京都昭島市公民館で講座の企画運営を担当している私は、父子家庭の現状について昭島市民にも学んでいただきたく、木本さんを講師にお招きして、2023年6月24日及び7月29日に昭島市公民館にお

いて「父さん子育て奮闘記～つらくても笑える日が来るために～」を開催しました。

　木本さんは突然妻を亡くし、生活は一変し、家事や子育てを男手ひとつでやらねばならない日常が始まりました。その経験で木本さんから「当たり前であったことが、当たり前で無くなったときに人はどう生きていくべきか」をご教授いただきました。

　我が家でもいまだに育児の話が出ると、ほとんど妻任せで何もやってくれなかったと非難されています。妻には大変苦労を掛けてしまったと本当に後悔しています。

　子供が生まれる前に「父さん子育て奮闘記」の講演を聴講しておきたかったです。「子育ては親育て、育児は育自」、木本さんの講演で一番印象に残った言葉です。そして、木本さんに大切なことを教わりました。それは子育ては決して「手伝ってはいけない」、「一緒にやる」ことが重要だということです。手伝いではなく、やるのがあたり前であり、かつて私が「手伝おうか？」「何かやることある？」と言ったとたん、妻が激怒したことを思い出しました。

　それから木本さんの話を聞いて、大切な人を失い、途方に暮れたときに、一人で悩まず、話せる人や、話せる居場所があることが大切であると痛感しました。

　「父さん子育て奮闘記」が映画化又はドラマ化になることを心から祈っております。その際は昭島市で撮影をしていただき、昭島市公民館で再度ご講演していただきたいと思います。木本さんの講演会などの活動により勇気づけられた方が私以外にも数多くいると思います。本当に有難うございました。

　父子家庭支援を10年間続けられ大変ご苦労様でした。これはあくまで通過点ということと思いますので、今後も更なるご活躍をお祈り申し上げます。

　追伸：映画化になったら、私をエキストラとして採用していただけたら幸いです。

8月　京都北ロータリークラブ

父子家庭の本当の姿

京都北ロータリークラブ2023-2024 プログラム委員長　八木　悠祐

　15年間の出来事を30分で話すことは難しい。通常なら依頼を断ることが多いが、お世話になった先輩からの依頼であるため、断るわけにはいかない。話を終えた後、30分という短い時間でどれだけ伝わったのか不安でした。＜木本＞

　私が、木本さんのお話を拝聴するまでの父子家庭のイメージですが、父親が今まで通り仕事をしながら今まで母親がやっていた家事もするという、ものすごく体力的に厳しい環境に置かれるというものでした。

　経済的にも子ども達を養うために仕事を続けなければならず、父親ができない部分の家事などは子ども達も協力しながら生活をしていくということを漠然と想像していました。

　木本さんも奥様が亡くなられてしばらくは、そのような目の回るような日々を過ごされたとのことでした。木本さんのお話をお聞きし、父子家庭、または家族のイメージが一変しました。

　母親を突然失った子どもたちが、悲しい気持ちを表現できないこと、日夜頑張っているお父さんに対して言いたいことを遠慮してしまうことなど、子どもたちの心の変化に気づき寄り添ってこられたことをお話しされました。

　これは父子家庭に限ったことではないですが、私は表に見えている『いえのこと』、経済的に家族を支えることや、日常の家事をすること、楽しい思い出を作ることなどばかりに目がいっていましたが、本当の「いえのこと」とは家族のそれぞれの心と向き合って、寄り添い伴走していくことこそが家族であると教えていただいたように思います。

　このことは、父母がいる家庭でもなかなかできることではありません。木本さんは、父親一人で「いえのこと」と向き合うため仕事を辞め、子ども達の心と向き合うという選択をされました。また、その活動を多くの父子家庭の方々と共有するための活動もされてきました。

　木本様のお話をお聞きできたことを、自分の人生にも活かしていけるよう家族と心から向き合いたいと思います。本当に貴重なお話を有難うございました。

11月　マザーズジョブカフェ特別講演会

友人プリちゃんを偲びながら

妻の短大時代の友人

　妻の親友がマザーズジョブカフェ（京都府が開設している働きたい女性のための総合窓口）のセミナーに参加し、短大時代の思い出が蘇り泣いてしまったと言われた。しかし、妻が残してくれた繋がりを通じて、親子が共に成長する日々は、感動的なドラマのように泣き笑いだった。＜木本＞

　冬の寒い日、短大時代の友人から久しぶりに電話があり、プリちゃん（富美子さん）が亡くなられたと伝えられました。急でした。友人を見送ったことがない私は、驚きと寂しさで胸が苦しくなりました。

　お葬式の日、木本君が妻からのダイイングメッセージ「もっと生きたい」と話されたことを今も覚えています。そうやんな、プリちゃん。これから、子どもたちのことなど、お互いいっぱい話して悩んで喜びあいたいって話してたやんな。

　翌々年の年賀状の差し出しを控えたら、木本君から、富美子が亡くなっても同じように年賀状出してほしいと言われ、そうやな、プリちゃん、お家にいつもやはるんやな〜と思い、年賀状を通じて木本君の活動を知りました。

　木本君が会社を辞められるまでは、社長業と主夫業の両立を完璧にこなされる様子に頭が下がりましたが、このままだと体力的にも精神的にも大変だと心配していました。会社を辞めたと連絡をもらった時は、びっくりしましたが、木本君のやり方で仕事と子育てを両立される自信を感じました。

　講演会にも時折参加し、改めて木本家の歩みを振り返りましたが、私自身、ひとり親＝母子家庭と勝手に思っていた気がして、木本君の話に

どんどん引き込まれました。今では、お料理もお洗濯もお掃除も、お父さんも子ども達も私よりも絶対に上手だと思いますが、本当に全てにおいて一つずつでしたね。木本家の生き方は、これからも多くの人に勇気を与えることになると思います。

　人生は、何が起こるかわからないけれど、親も子も、もがきながら一生懸命生きることが大切ですね。木本君のお話をいつも側で聞いて笑っているプリちゃんが目に浮かびます。

「母性」と「父性」の狭間で

キャリアカウンセラー・㈱アイシーエル　伊地智　史恵

　　男女共同参画課での役割に対して、私の経験はとても大きな価値を持っていると思っています。仕事と家事子育ての両立を実際に経験し、性別にとらわれない新しい夫婦のあり方を提案できるのは、これからの社会にとって重要な視点だと思う。家事は「手伝うもの」ではなく「一緒にやるもの」という考え方は、これからの家庭づくりにおいて多くの人に共感されると思う。＜木本＞

　子育て中の女性の就労支援に携わるなかでずっとモヤモヤしていたことがある。それは「母性」と「父性」の境界線だ。

　「夫婦の家事分担」や「イクメン」という言葉が世に浸透し、ひと昔前に比べると男性が家事や子育てを担う機会は増えた。にもかかわらず、パートナーを含め周囲に頼ることができず、ワンオペで生活を回し、心身ともに疲弊している母親たちも依然多い。シングル家庭ではなおさらだろう。

　子育ての現状に沿った働き方改革や支援策も国に早急に推し進めてもらいたいところだが、先述の悩みの根底には「ここはお母さんの出番」、「ここはお父さんでないと」という固着化した性別役割分業の“隠れバイアス”が潜んでいるように感じている。これは知らず知らずに背負った目に見えないリュックサックのようなもので、時にはその重圧が自分を苦しめたり、置かれた環境への怒りにつながったりもする。

　木本さんは奥様からのバトンを受け継いで子どもたちと全力で向き合いながら、最高のお父さんでありながら、お母さんにもなれることを体現された。その過程には並々ならぬ覚悟や努力、葛藤、悲しみや苦しみがあっただろうし、日々奮闘するなかで自然と母性と父性を自身の中で融合させ、ベストな家族愛の境地を見出されたのだと思う。

「日本一ママの気持ちがわかるパパ」。

　企画した木本さんの講演会ではこのようなキャッチフレーズを使わせていただいた。これからは誰もが男女の違いや母性父性の枠を超え、のびのびと子育てできる世の中であってほしいし、もっと親たちが弱音を吐ける場所も必要。木本さんの存在がその新たな時代の鍵になるのではと期待している。

9　2024年

<u>5月　京都新聞掲載</u>

NPO法人京都いえのこと勉強会10年に寄せて

京都新聞記者　岡田　幸治

　2014年10月に京都新聞に掲載された「父子家庭を支え合おう」という記事は、団体の設立登記の1か月前に取材されたもので、当初は市民版に掲載される予定が、実際には社会面で大きく取り上げられました。これをきっかけにメディアに注目され、その後も団体の活動に関して継続的にメディアと連絡を取っています。この記事には、岡田さんとの10年の歩みを感じる内容が含まれており、今回の寄稿依頼もその一環です。＜木本＞

　きっかけは京都市のリリースだった。おぼろげながら記憶をたどると、確か京都市のひとり親支援に関する内容だったと思う。そこには木本さんのNPO設立の話は書かれていなかったが、市の担当者とやりとりをする中で知った。母子家庭は報道でよく出てくるが、父子家庭の実情はあまり知らない。これは記事になるのではないか、率直にそう思った。さっそく市の担当者を通じて木本さんに連絡を取り、話を聞き、記事に

した。記事が掲載された当日、会社に出勤した私に上司が「切ないな」と言ったことが印象に残っている。

　はっきり言って当時の私は木本さんの大変さや辛さがきちんと理解できていなかったと思う。今もはっきりとは分からないかもしれないが、年齢を重ねて木本さんがしてきたことがいかに大きいことだったかを感じるようになった。

　3人の子育てに加え、NPOの活動やメディア出演など体がいくつあっても足りなかったのではないかと思う。私の記事がきっかけになったことはうれしかったが、正直、木本さんだからできるのだなとよく思った。

　木本さんが顔と名前を出して取材に応じていただいたことは多くの人の胸を打ったと思う。弊社でも私以外の多くの記者が木本さんを取材したし、全国紙やTVも取り上げた。

　父子家庭の現状を当事者の声で伝えるという大きな役割を果たされたと思うし、私も多くを学ばせていただいた。本音を言うと活動が終わってしまうのは残念な気もするが、講演活動などは続けられるとのことなので、またどこかで記事にできることを楽しみにしています。

　木本さんにはこの10年間、本当にお疲れ様でしたと言いたい。木本さんだけではなく、息子さんや木本さんと共に活動してきた方々にも同じ言葉を送りたいと思う。

6月　京都ノートルダム女子大学講義

父子家庭の父親の視点をとおして気づかされたこと

京都ノートルダム女子大学 准教授　青木　加奈子

　今年度が最後のゲストスピーカーとしての登壇となりました。卒論のお手伝いを通じて新たな繋がりが生まれ、主夫としての視点から母親の思いや子育ての重要性を共有することに共感を得られたのは、実体験に基づいていたからこその強みだと感じています。学生たちの役に立てたことは非常に意義深く、貴重な経験でした。〈木本〉

　木本さんとの出会いは、私が京都ノートルダム女子大学に着任して一年が過ぎた2017年の春だったと記憶しています。一期生として入ってきたゼミ生の一人が、「卒業研究のテーマにひとり親家庭、特に父子家庭を取り上げたい」と言ってきたことがきっかけでした。以降、木本さんにはゲスト講師として、年に１回程度、私の担当科目のなかで父子家庭の生活実態や課題について講義をしてもらいました。

　ひとり親研究は私の直接の専門ではありませんが、学生時代より周囲にはひとり親研究をしている方が少なからずおり、決して離れたテーマではありませんでした。教員になってからも授業で家族領域全般を担当するようになると、家族の多様化論の視点から、ひとり親は切っても切れないテーマです。そのようなこともあり、ひとり親について、私なりに勉強し知識を持っていたつもりでした。

　ところが木本さんの講義を重ねるにつれて、私は父子家庭について何もわかっていなかったということに気づかされていきました。今振り返ると、当時の私にとって、父子家庭は母子家庭の周縁に位置する存在だったのだと思います。両者には多少の違いはあるものの、ひとり親家庭特有の生活課題は共通しているのではないか、その程度の知識しか持ち合わせてなかったということです。

　木本家のファミリーヒストリーをとおして私が理解したことは、世間が死別ひとり親家庭に向けるまなざしの生々しさや、日本社会にはびこる男性への強固なジェンダー規範の根深さでした。

　ここ数年、日本の父子家庭と、私が研究フィールドとするデンマーク社会での父子家庭との比較研究を計画していましたが、結局、それが実現に至らなかったことは残念です。しかし木本さんとの出会いは、私に教育者として、また研究者としての刺激を大いに与えてくださいました。心よりお礼申し上げます。本当にありがとうございました。

父子家庭の知られざる現実と子育ての本質

学生K

　2017年から京都ノートルダム女子大学現代人間学部生活環境学科でゲストスピーカーを務めてきましたが、今年度で最後の登壇となりました。講義のテーマは、父子家庭、特に死別による父子家庭の生活を学生がどのように捉えるかです。毎回、学生たちから感想文をもらいますが、その新鮮な視点に驚かされます。今回も4人の学生の感想を紹介します。〈木本〉

　今までひとり親家庭でよく取り上げられ、私も目にしてきたのはシングルマザーがほとんどであったので父子家庭の方の体験談は初めての機会でした。

　男性の子育て、ましては今のようにイクメン、育休等の言葉が世間に浸透していない60代以上の方々が突然家事や子育てをするという大変さは私たちの想像を絶すると思います。

　奥様が亡くなられた後、悲しむ暇もなく男の子3人育てあげた木本さんはすごいと思いました。特に印象に残っているのは子どもの心に気づいて仕事を辞められたことです。

　たとえ母親であっても、子供のふとした仕草や心情に気づくことは難しいと思います。なので木本さんは母の代わりいうのもおかしいですが、母としての役目を世間の母親以上に今まで全うされたんだなと感じました。

　子育ては立派な女性のキャリアという言葉、まさにその通りだと思います。私は育児や家事は女性の仕事、という男女の差はまだまだあると思っています。男性も仕事で大変だと思いますが育児や家事の大変さも理解出来れば、女性を"手伝う"のではなく"一緒にやる"という考えになるのかなと思いました。

　また、今日の私のように世間では父子家庭のことをよく知らない人たちもいると思います。母子家庭のようにもっと色んな人に認知されれば、様々な支援ができるのではないかと思いました。貴重なお話ありがとうございました。

偏見を超えて学んだ男性の子育て

学生L

　今回の講義について聞いたとき正直私個人の偏見になりますが、男性に子育てなんてできない、男性に子育ての大変さなんて理解できないと心のどこかで感じていました。

　ですが同時に男性から見た子育てについて聞けることを楽しみにもしていました。実際、木本さんのお話を聞いて自分の中の男性像が少しずつ変わっていきました。

　男性も私たちと同じ人間だから子育てで少なからずストレスを感じること、今まで出来ていたことが出来なくなる辛さを感じること、そしていつもそばにいた人・これらも変わらずそばにいると思っていた人が突然いなくなった現実をすぐに受け止めきれない辛さ・悲しさなど を感じることなど、やはり男性も自分たちと同じ人間でこのような感情を抱かないわけがないのだと思い知らされました。

　同時に自分の考えがどれだけ軽率なのか痛いほど思い知らされました。私にはまだ父も母もいて3人の妹もいます。家族がいつまでも当たり前にいるわけではないということを噛みしめながらこれからも生きていきたいです。今回講義、とても良い経験になりました。本当にありがとうございました。

家事・育児の共有と親としての成長の大切さ

学生M

　父子家庭、ひとり親家庭の家事、育児の実態を知り、家庭を築くにあたって、母親、父親が外での仕事と両立しながら、パートナーと一緒に家事・育児のキャリアを積んでいくことの重要性を痛感いたしました。育児は、自分を育てると書いて、育自とも読めるように、はじめから完璧な父親、母親はいなくて、徐々に父親、母親になっていくものだと仰ってました。外での仕事で手一杯であれば、家事を担当するパートナーと

情報伝達を行い、ぶちあたる課題について一緒に考え、問題解決を経験し共有していくことが育児につながり、そういった積み重なりが次の課題を解決する経験のひとつとなり、母親、父親に磨かれていくのだと気付きました。

　木本さんの奥様は、妻として木本さんを支えながら、子どもを育てていく中で母親としてのキャリアを一歩一歩積まれてきたという証が、奥様が木本さんに遺された育児を助けてくれるコミュニティに現れていました。家事・子育ては、してみなければ初めは何もわからない為、不安な親同士の助け合いは必ず必要不可欠です。けれども、そういった環境が整っていない方にとって、同じ悩みを経験した母親の声が聞けるSNSや勉強会は、子育てをする親たちの不安を非常に和らげることができ、助けられるのだと感じました。

　育児の経験は、木本さんが京都いえのこと勉強会を立ち上げたように、知りたいと思っている親たちへの場をつくったり、不安な親たちの味方となることができます。母親、父親でとどまらず、そういった活動を通して、社会に通じて貢献できる力を持ってるのだと知ることができました。

シングルファーザーの孤立と日本における家事育児の分担の課題

学生N

　これまでシングルファーザーはシングルマザーより経済的に余裕があるし、そこまで大変ではないだろうと想像していました。しかし、シングルマザーとは違った大変さがあることが分かりました。まず、シングルファーザー独特の大変なところは、孤立しやすいところだと思います。女性は比較的すぐにコミュニティーに入ることができますが、男性は入りにくいだろうなと思いました。

　日本では女性に家事育児を任せすぎていると思います。もちろん男性も仕事は大変ですが、家事育児に休日はないし、もし奥さんが亡くなったら苦しむ男性が多いと思います。それなのに、ネットを見ると、仕事

をしている自分（男性）の方が偉いと考えている男性が多いのです。これは何事にも言えると思いますが、失って初めて気がつくようでは遅いです。女性の家事育児の負担を減らし、男性に家事育児の大変さを知ってもらうことが必要だと考えます。

　木本さんの講演を聞いた日に、電話で母に講演内容を話すと母は「私が死んだらお父さんは木本さんのように家事育児をすることは出来ないだろうね」と言いました。現在は私も兄弟も自立しましたが、小さい頃に母が亡くなっていたらどうなっていたんだろう？と想像しました。

　私の父は単身赴任が多く、平日に家に帰ってくることはほとんどないし、半年に１回しか家に帰らない年もあります。そんな父が一人で仕事と家事育児を両立しなければならなくなると考えると、ぞっとしました。きっと赴任先に私たち子供を連れていくことになり、私たちは転校を繰り返すことになっていたと思います。

　このような、単身赴任により家族が別居するケースは日本にはたくさんありますが、どうやら海外では普通ではないようです。私は生まれた時から父が単身赴任するのが当たり前だったので気がつきませんでしたが、よく考えてみると単身赴任という制度は父親は子供の成長を見ることができないし、母親がワンオペで育児をするので家族という面ではデメリットが多いと思いました。

　単身赴任の制度を見直してみることも、女性の家事育児の負担を軽減させる一つの解決策なのではないかと考えます。

６月　生命保険会社研修会

生命保険の本質とグリーフケアに向き合う

ソニー生命保険㈱ライフプランナー　山﨑　久和

　妻を亡くした際に生命保険会社の担当者に対応してもらった経験を元に、遺族が抱える疑問や悩みについて話をします。具体的には、亡くなった後の様々な相談は誰にすれば良いのか、死亡保険を受け取った時点で保険会社の業務が終わるのか、といった点について感じた疑問です。遺族として、生命保険会社の担当者がもっと対応できるのではないかと思います。＜木本＞

　木本さんこの度は大変貴重なお話をお聞かせ頂きまして、誠にありがとうございました。

　生命保険を扱う者として、本当にその難しさを改めて考えさせられる内容でした。講演中も「あのお客さまは大丈夫だろうか？」「あの内容で本当に良かったのだろうか？」と色々と想いをめぐらせておりました。

　特に奥様への保障の提供方法、保障額や保障期間や受け取り方法など、考えなければいけないことが本当にたくさんあることに改めて気づかされました。と同時にもっともっと深く考えて提案をしなければと反省もした次第です。

　また、「グリーフケア」という言葉。この世界に15年も身を置きながら、恥ずかしながら初めてお聞きしました。大切な方をなくされたご家族に寄り添っているつもりでおりましたが、あくまで見かけだけ。本当の意味で「寄り添う」とはどういうことか。まだまだ考えていく必要がありますし、やらなければいけないことが沢山あると思いました。

　正直、何が正解かはその状況次第で違ってくるかとも思いますが、答えのない答えを考え続けていくことが我々の使命であり仕事の本質なのかもと思います。

　生命保険を扱う人間であるからこそできること、そしてお客さまから求められている姿を追求し続けたいと思います。ありがとうございました。

第4章
一人じゃないぞ！
〜父子家庭のつながり〜

　NPO法人の活動を通してシングルファーザーとの繋がりが出来る。全国には色々な形で活動し発信されている方、またこれから発信されるかたもおられる。当法人の勉強会に登壇いただいた方、またご参加された方に寄稿のお願いをしました。＜木本＞

1　予期せぬ形で訪れた「シングルファーザー」という生き方

キムテック代表　木村　隆弘

　2016年1月にNHKEテレ「ウワサの保護会」に出演したことでつながりました。2015年7月からNHK京都支局から取材の依頼があり同年12月に「京いちにち」「おはよう関西」に取り上げられました。担当ディレクターに「毎日BLOGを書いているので、朝ドラになりませんか？」「無理ですよ、朝ドラはヒロインですよ」「では男の懇談会のような番組は無理ですか？」と懇願した。

　1か月後のディレクターから電話があり「東京で企画が通りました」と言われ尾木ママの番組「ウワサの保護者会」に出演が決まった。シングルファーザーが4人出演、そのうちの一人が木村さんだった。2021年に当法人の勉強会「親の想い子どもの想い」にパネラーで登壇をいただきました。自らの経験を発信されている。＜木本＞

　2010年の終盤、それまで体調不良を訴えていた妻に末期癌がみつかりました。

　半年近く、首の痛みを訴え続けていた彼女の身体は、ほぼ全身に渡り癌に犯されておりました。頸椎の上位2番目の軸椎と呼ばれる部位の骨折が痛みの原因で、肺に出来た腫瘍がリンパを超えて骨転移となり骨折を引き起こしていた。

年は越せない。それが医師の実質的な余命宣告。

　それまでの生活が一変、壮絶な人生の幕開けとなりました。仕事や自分を優先してきた自分を許してくれていた妻の寛大さに、甘えていた自分。妻に対して、懺悔に近い感情を抱きながら、家事・育児・仕事・看病とハードな日々が過ぎていった。同時に絶望感を隠しながら目の前の事一つ一つに向き合いながらも奇跡を願った日々でもあった。肉体的にも精神的にも限界を超えていました。

　彼女の生命力が余命宣告を上回り、無事に年を越すことが出来ましたが満身創痍であることには変わりはない。しかし腫瘍が少し小さくなり癌性胸水も抜けていると医師から嬉しい報告を受け、0％と言われていた退院という希望を手繰り寄せる・・・正に奇跡を起こしたのです。生命力の凄まじさと彼女の「愛」の深さに私は確かに触れました。

　そして、様々な条件をクリアし2011年3月10日退院。子供達の戸惑いながらも嬉しそうな表情を見て「幸せ」ってこういう事なんだと学びました。

　しかし・・・・・・。

　退院翌日に、東日本大震災が発生、私の住む街も被害が大きく、家の中は滅茶苦茶、ライフラインも止まり、何でこうも試練ばかり続くのか？いっそのこと皆で死んでしまおうとさえ考えました。

　しかし震災当日の夜、車の中で過ごす中で当時小学4年生だった娘が「地震は怖いし車の中は狭いけど皆で居られて幸せ」と言った言葉が、私達夫婦に希望を与えてくれました。

　その年の6月に妻は旅立ち、あれから13年。子供達は成長しそれぞれの道で頑張っております。

父子家庭について

元NPO法人父子家庭サポートネットひろしま　代表　高松　明

　2016年11月に前職ダスキンさんのユニホームサービス事業部全国大会が広島県で開催され登壇。事前にアポイントを取り講演をする2時間前に高

松昭さんと初めてお逢いをさせていただき1時間足らずであったがお話をさせていただいた。当法人を設立する以前に父子家庭支援のNPO法人を設立されていたので直接お逢いをしてお話を聴きたかった。それからの繋がりで2019年9月にNPO法人父子家庭サポートネット・ひろしまさんから招聘され登壇。2021年当法人の勉強会のパネリストとして登壇いただいた。今回、寄稿をお願いするにあたり事前に連絡をすると「10年一区切りでいいんじゃないですか」と言われた。

　　現在は、SNSで料理などをUPされているので毎回楽しく見ている。＜木本＞

　私は今年で73歳になりました。26年前に妻を亡くして当時小学生だった長男と長女3人の父子家庭となりました。当時は父子家庭という言葉すらなかったのですが。現在は2人の子どもそれぞれの家庭を持って幸せに暮らしています。

　私が60歳を過ぎた時にたまたま父子家庭についての勉強会をする機会に恵まれました。

　教室の皆様のご援助をいただいて「NPO法人父子家庭サポートネット・ひろしま」を設立することが出来ました。活動は9年間で終わりましたが。

　活動の内容は、相談、イベント、フードバンク連携事業などでした。相談については、結構大変な内容のお話を聞かせていただきました。

　だいたいお父さんは相談というよりも、周りの誰にも話せない自分の心情を聴いてもらいたい内容が多かったです。イベントについては、ひとり親家庭を対象とした料理教室やバーベキュー会や講演会などをしましたが、いずれも父子家庭の参加が少なく母子家庭の参加がほとんどでした。フードバンク連携事業については、食料品やお菓子の提供でしたので皆さんに喜ばれました。

　父子家庭も死別父子家庭と離別父子家庭があります。現在では死別父子家庭が20％弱くらいで離別父子家庭では、家族内における心情はかなり違うようです。特に幼い子どもさんのいる家庭では母性というものがありません。

　特に死別父子家庭では、それが言えます。やはりお父さんは努力して

子どもさんのために家族で地域の人達との交流に参加することをおすすめします。以前の当会で開催した料理教室やバーベキュー会に参加すれば、子どもさんにとっての「おばさん役」や友達も出来ます。幼い娘さんのいる家庭では、お父さんは沢山のお話を娘さんとしてください。娘が良き手助けをしてくれます。

グリーンパパプロジェクトの立ち上げ！
NPO法人グリーンパパプロジェクト代表理事　吉田　大樹

　2017年に「シングルファーザーの方10名からインタビューをし、その後１冊の本人しますと」連絡があり京都に来ていただきインタビューを受け、その後Yahooニュースにアップされ反響があった。
　2021年当法人の勉強会「親の想い、子どもの想い」に登壇いただきました。NPO法人以外でも労働・子育てジャーナリスト・ジャーナリスであり、放課後児童クラブも運営されています。2017年にインタビューを受けた10人のシングルファーザーの物語を一冊の本にされる予定です。＜木本＞

　シングルファーザーとなったのは2010年夏のこと。３人の子どもたちとの父子家庭生活が始まりました。幸いにして、子育てや家事はそれなりに身に付けていたので、何かできないことで悩むことはありませんでしたが、抜け出せない無限ループのしんどさを痛感するに至りました。
　その当時、すでに父親支援の活動はしていたので、ある意味、究極の実践でした。それまで自分が取り組んできた子育てや家事が上っ面の部分しか見ていなかったことも知りました。このしんどさこそがまさに子育ての中核です。本来はそれを夫婦で経験できればいいとは思いますが、父子家庭という状況の中で気づくことができてよかったと思います。その思いをもっと多くのパパたちに理解してもらい、さらに社会で共有していくことが必要だと思いました。
　恩着せがましくない形で、自分事として考えてもらうためにパパたちには何が必要か。それがグリーンパパプロジェクトの発想の原点でした。農体験や自然体験を父子で体感することで信頼関係がより育まれ、働き

方や生き方を捉え直すきっかけになれば、と。

2016年3月に法人格を取得し、2019年5月から放課後児童クラブの運営を始めました。日々、子どもたちやその背後にいる保護者と触れ合う中で、自分が経験してきた思いを少しでも形にできればと思っています。

自分自身も小・中・高でＰＴＡ会長を経験し、市Ｐ連の会長も務めました。父子家庭という状況でもあるので断る理由を上げれば数多ありましたが、地域で父親が果たす役割の重要性も考える中で、まずは自らが実践する機会をいただけたことは大きな意味がありました。

以前よりは子育てや家事に積極的に取り組むパパたちも増えてきたかも知れませんが、子育ての様々な場面でまだまだママたちが一方的な負担を抱えているのも事実です。実践できるパパたちを少しでも増やしていけるよう、今後も活動に邁進していきたいと思います。

４歳の娘が教えてくれた答え

北海道シングルパパ支援ネットワークえぞ父子ネット

https://ezofushinet.jimdofree.com

代表　上田　隆樹

今回のシングルファーザーからの寄稿で唯一直接お逢いしていない方である。2020年に封切りされた映画「ステップ」。死別父子家庭を描いた作品だった。吉田大樹さんから連絡があり、上田隆樹さんと私で「当事者はどうみたか？」の座談会（リモート）でご一緒した。

娘さんの小学校時代にPTA会長を務められ、PTAへの入会意思確認を実行するなどPTA改革を進め、様々なマスコミに取り上げられる。また、北海道シングルパパ支援ネットワーク「えぞ父子ネット」を立ち上げて、シングルファーザーからの相談も受け付けておられます。＜木本＞

2007年妻の自死にて、突然４歳の娘との父子家庭となる。妻の葬儀に、娘の精神的ケア、何よりこれからの娘との生活をどうしていくか。実家は遠方で、親族のバックアップは得られない。どうしたら、いいんだろ

う・・・答えの出ない不安が頭の中をグルグル駆け巡り、当時の記憶が定かではない。

　困惑する私に4歳の娘が答えを出してくれた。自宅に安置された妻の元へ、娘が手紙を書いておいて来たのだ。まだ、ひらがなしか書けない娘が書いた手紙。

「おかあさんへ　もえもがんばるから　しんぱいしなくていいよ。」

　集まっていた親族一同、号泣した。私は泣けなかった。4歳の娘が覚悟を決めた。こんな小さな子が覚悟を決めたのに、何をくよくよ悩んでいるんだ。この瞬間に私にもスイッチが入ったのを鮮明に覚えている。

「何があっても、この子と前を向く！」

　病院事務長というキャリアを捨て、いつでも娘のそばにいられるようにと自宅起業する。

　インターネットの古本屋さんだ。経済的には大変だったが、保育園・幼稚園・小学校の行事には全て参加し、PTA会長にもなった。私たち親子を支えてくれたのは、それぞれの時代に構築出来た人脈だった。

　当時、北海道には父子家庭を支援する団体は皆無だった。私は道外の支援団体や頑張っているシングルパパから情報を頂いた。私の経験も含め、北海道でも誰かが看板をあげておかなくては困っているシングルパパはいるだろうと、2014年に『北海道シングルパパ支援ネットワーク えぞ父子ネット』を設立。設立10周年を迎えている。

　全道各地で「父子家庭に関する」講演会、相談件数は300件を超えるだろう。父子家庭の最大の問題は「孤立化」だと感じている。職場で地域で、子どもの学校でシングルパパが孤立しないような支援に取組んで来た。

　そんな私も今年還暦を迎えた。もう子育ても終えた。もういいんじゃないか？しかし、いまだに北海道に「父子の会」は、えぞ父子ネット以外に存在しない。だったら、もうひと頑張りしてやろうじゃないか！そう思っている。

これからも父子家庭の実状を伝えていく

愛知県刈谷市在住　関　真介

　2021年度の勉強会にご参加いただき、その後も当法人の勉強会に毎回参加をいただいております。息子さんもご結婚をされ今後ご自身の経験を発信し、父子家庭支援のサポートをされたいと言われております。地元の社会福祉協議会であったり、つながりのある大学で講演をされておられます。＜木本＞

　平成3年に家内が亡くなり、当時2歳の息子との生活が始まり33年が経ちました。その当時から今も「父子家庭は、経済的に困窮していないから大丈夫でしょう？」という声を聞くことは少なくありません。

　年間平均収入で父子家庭は母子家庭の約2倍であることは確かですが、「経済的側面以外で父子家庭ゆえに抱えている困難については周囲に理解されていない」と自身の経験を通じてずっと感じています。

　ひとり親家庭の内、父子家庭数は母子家庭の約8分の1と圧倒的に数が少ないため、本人の周りで同じ家庭環境にある人と出会うことは稀で、それゆえに周囲から孤立してしまう傾向があると思っています。

　性別役割分業意識の変化、女性活躍推進といった社会背景の変化の中、現実的には父親が仕事を優先せざるを得ない状況下でひとり親家庭の父親の「仕事と家事・子育ての両立」は困難で、そのしわ寄せが子供に及んで「ヤングケアラー」にしてしまっているという悩みを聞くこともあります。

　また、家事スキルや育児・子育ての知識不足により、「毎日欠かすことができない食事」は、父親にとって一番の困り事となり、「性」に関することを含めて子供の成長、発達段階に応じた適切な対応ができないことにも頭を痛めています。

　定年間近の頃、『シングル父さん子育て奮闘記』を拝読した以降、何回か「京都いえのこと勉強会」の活動についてお話を聞く機会を頂きました。

　息子が結婚して家を出て、同居していた父が亡くなり、少し自由な時間ができたのを機に昨年少人数ながら地元で父子ひとり親家庭を応援するグループを作りました。

　同じ経験をしてきた者とはいえ、支援制度等の環境が変わっている中で現在当事者であるお父さんたちに直接的な支援をすることは少し難しく感じており、せめて周りから見えにくくなっている父子家庭の存在やそこに潜在している課題についてより多くの方へ伝えていく活動をしていきたいと考えています。

私の子育て奮闘記

福岡パパエンジェルス代表　進藤　善登

　Facebookで繋がった進藤さん。息子さんも成人を過ぎて、自分の経験がお役に立たないか？父子家庭支援のことが何か出来ないかと考えておられます。2023年４月に仕事で京都に来られた時にお逢いし、６月に福岡市で講演した時に再会。「福岡市で父子家庭支援の団体がなく、講演の招聘もしたいのですが行政と繋がればいいのですが・・・」と言われていた。2024年10月福岡パパエンジェルスを設立され活動されています。＜木本＞

離婚経緯

　元妻のギャンブル依存症、それによる借金、私も知らず私の両親から明日家賃を払う金がないと懇願して借りた金は家賃支払いではなく借金返済へ、押入れを探すと子供を授かるとやめると約束したたばこや灰皿、すでに消費者金融から借りられずその当時の090金融からの借金、子育てネグレストという経緯が本人に確認をとってはいませんがおそらく結婚した当時からあったと思います。

　１人息子が小学５年生の時に私に「お父さんもう無理」とSOSを発信してきてくれたことを機に離婚しました。

小学生時代

　随分前から離婚は考えていましたが、亭主関白であった私が仕事・家事・子育てを同時にこなしていく覚悟がなくためらっていました。特

に家事は100％元妻に任せていましたので全く経験がなくド素人でしたが、息子のSOSにより疲弊した私にようやく覚悟ができ、このままでは息子がまともな人間にはならないと思い離婚に踏み切りました。

　私「これから2人で生きていくけん協力してよ」

　息子「うん」

　2人の生活はスタートしましたが、さっそく次の日から息子は寝坊（笑）、私は息子を学校まで車で送り、当然私は会社に遅刻、掃除や洗濯をしながらご飯は料理の本などを見ながら作っていました。

　息子は少年野球に入団していましたので休日は道具を用意した後部屋の片付けが終わった後に応援に行く、遠征に行く。そんな小学生時代を過ごしました。学校でも少年野球でも友達は多かったのでそこは息子に感謝しているところです。

中学生時代

　中学生になると遅刻はなくなりましたが、私の仕事が「超」が付くほど繁忙になり、朝送り出した後は夕方まで仕事（外回りの営業）、その後一旦家に戻り夕食を作り、また会社に戻り見積書作成や事務処理など帰りはいつも24時を回っていました。

　家に帰ると洗濯籠には学校の制服や部活のユニフォーム、給食エプロン、キッチンには食べた後の皿やコップetc.　まだまだやることがあるのかと体力的にも精神的にも苦しくなりましたが、お昼は給食があった事と食洗機という素晴らしい家電に出会い購入した事で衝撃的に睡眠時間も取れ体力も精神も随分と楽になりました。

　しかし、息子は学校での態度がかなり悪かったそうで（私は全く知りませんでした）、3年生の高校受験の際公立の推薦願を出しましたが、校内の生活態度が非常に悪いとの理由で学校からの推薦はもらえませんでした。しかもオープンスクールの日程を間違えたり、最後の体育祭では部活対抗リレーのメンバーに選ばれていたにもかかわらず当日野球ベルトを忘れ顧問からは出場する資格がないとリレーに出られませんでした。

　私も仕事中心になり大事な時にほったらかしにすることも多く、息子とお互いの意見がぶつかり合い喧嘩も多かったと思います。お互いがそ

んな状況でしたので希望する公立高校には合格できず私立高校に進学する事になってしまいました。

　私自身も繁忙で息子になかなか目を向けられなかった事、学校の事は無関心であった事で随分先生方を困らせていた様ですが、野球だけは私も練習を見に行ったり遠征に応援に行ったりで、部活でも素行が悪かったですが、退部せず最後はチーム一丸となって取り組んで成長してくれた事には感謝しています。

　しかし、進学は私立高校、通帳を見ながら入学費用、書籍代、部活の初期費用、学費、部費、交通費などを考えると卒業するころには残高ゼロになる計算でした。

高校時代

　高校に入学すると早速野球部へ入部。しかし自宅から学校まで遠く（約1時間）朝練はありませんでしたが、朝6時の地下鉄に乗り、途中で私鉄に乗り換え通学、部活が終わり帰宅するのはいつも24時を回る毎日... もめてもめて私の反対を押し切って私立ならこの学校と希望の学校へ入学したのに1週間後には「もう無理、学校辞めたい」と...

　この時は帰宅して晩御飯お風呂次の日の準備、朝は5時起きで息子の睡眠時間は毎日3時間程度、私は後片付け家事、洗濯、翌日弁当作りetcで睡眠時間は1～2時間程度でした。

　大変なのは理解していましたが、私の反対を押し切って入学した学校でしたから頑張れ！と言い聞かせて通学させていましたが、1ヶ月経った頃、私が高熱やのどの痛みなど体調を崩し、また、仕事でも居眠り運転を繰り返しでこのままでは2人とも持たないと思い、会社へ事情を説明し転勤願を出しました。会社は事情を理解してくれて転勤を受理してもらい、息子は学校まで自転車で5分私は転勤先の事務所まで車で20分程度の地域に引っ越すことができました。

　それでも1番大変だったのは高校時代だったでしょうか。とにかく野球部で食べろ、食べろ、食べろと、毎日仕事帰りにスーパーによってはチラシを見てその日の目玉商品を購入し、ここで今まで買えなかったスマホをやっと購入し料理のアプリを入れ栄養ある料理を作ります。

　お金がなかったので携帯電話はずっとガラケーでしたが、部活の連絡網がＬｉｎｅであったりで仕方なくスマホを購入。しかしいつまでたっても料理がなれない私にとってアプリはものすごく助かりました。転勤により２人の睡眠時間は格段に増えましたが、とにかく食べさせて太らせることに必死でそれ以外の事はあまり覚えてないですね（笑）。

　機械科に入学した息子は学校で数多くの資格を取得し高校では念願の推薦状をもらい無事に就職することができました。他県へ就職し離れて暮らしていますが今となっては良い思い出です。

　息子の成長に際し、会社の理解や支援、中学・高校野球部の父母の皆様のご理解ご協力、私の父と母の支援などをいただけた事に心から助けていただきましたしありがたく思っています。息子の成長に際し携わってくださいましたすべての皆様に感謝申し上げます。

　そして、育てさせてもらったと思わせてくれた息子には心からお礼を言いたいです。

　お父さんの知らないところで色々言われたかもしれんけど、そんなこと一言も言わずについてきてくれたね。よく頑張りました。立派な社会人になった事誇りに思います。

　育てさせてくれてありがとう。心から感謝しています。

第5章
座談会「10年間を振り返る」

NPO法人京都いえのこと勉強会

理事長　木本　　努

副理事長　村井　孝次

事務局長　長尾　泰征

【ファシリテーター】
　京都市市民活動総合センター 副センター長　土坂のり子

NPO法人ができるまで

土坂のり子（以下「土坂」と表記）　私が「京都市市民活動総合センター（以下、しみセン）」でNPO法人の設立認証相談に対応するようになってからそれほど時間が経っていない頃に、木本さんは相談に来られました。

木本努（以下「木本」と表記）　僕が会社を辞めたのは2013年10月でしたので、初めて相談に行ったのは翌年の2月か3月だと思います。村井さんから自分がやっていることを発信するならNPO法人にしたらいいと言われて、京都青年会議所ＯＢ北岡さん（京都府会議員）に相談に行ったのです。

長尾泰征（以下「長尾」と表記）　北岡さんは京都府議会で父子家庭を取り上げた発信をされていたので、木本くんの経験を発信したらいいのではと後押しをされたのですね。父子家庭の実情を世に知ってもらうためにはどうしたらいいかを考えていく中では、イベントをしたらどうかと言う人もいましたね。

木本　収益事業をしたらどうかと言う人もいました。

長尾　それはその時に木本くんが無職だったから、それを心配していろいろ言ってくれたのではないかと思いますね。僕はその時にNPO法人

を設立するのであれば無職では発信力がないと言いました。

木本 パートでもしたらいいと言われて。

長尾 そう言われて、本当に働きはじめるというのもすごいと思うけれど。その頃にはたぶん一番下の孝太くんの面倒もひと段落していたのでしょうね。だから、少しずつ働き出すことができた。

土坂 しみセンに来られた時には、木本さんはすでにNPO法人になることのメリットをかなり明確に認識しておられましたね。自分だけが発信してもそれは個人の発信なのだと。NPO法人として発信するからこそ社会に訴えかけることができるのだとおっしゃっていました。迷いもなく、NPO法人を設立するサポートを始めたのですが、どの事業を主にするかで右往左往しましたね（笑）。長尾さんがいらっしゃらなかったら、できなかったかもしれません。

木本 いつまでに立ち上げるという計画もありませんでしたしね。

長尾 僕もあのままの状況ではNPO法人の取得はできないのではないかと思いましたけれど、木本くんは真面目で、一生懸命調べて、しっかり具現化していったらNPO法人を取得できてしまいましたね。

木本 当時はいろんな方を紹介していただいてお話をしても、自分自身の中でどうしたらいいのか分かっておらず、講演するのはいいのだけれど、事業として何をするのかが見えていなかったのです。

土坂 最初はソーシャルビジネスとして、家事代行サービスを主事業にしていくような計画が木本さん以外の方から提案されたので、「そもそも父子家庭の方は社会的な支援になかなかつながらない実態があります」と正直に申し上げたのです。

木本 それが、長尾くんの発言でパッと動き始めたのですよね。

長尾 僕の中での父子家庭は家事に悪戦苦闘するというイメージがありました。そこで、家事の教室を開催してはどうかと伝えたところ「それならできるわ」ということになったのです。京都青年会議所のつながりの中にも料理教室などを聞けるあてがあったことで、どんどんスムーズに進んで事業化しやすくなって、よかったなと思いましたね。

土坂 私も、道が開けたと思いました。

木本　「やっとつながった」と思って、パッパッパッと進みましたね。

長尾　役割分担がかなりはっきりしていたのですね。

土坂　村井さんはNPO法人設立当初には、どのような関わり方をされていましたか？

村井孝次（以下「村井」と表記）　僕は京都市の窓口など、ポイントになるところにたまたま知った人がいたので、様々な窓口に「京都いえのこと勉強会」を紹介しにいきました。。

長尾　講演や勉強会も、京都市や京都府を巻き込んでいきたいという時に村井さんに言っておいたら、市や府に声をかけていただけて、あとは理事長が直接行けば対応していただけたので、非常に発信しやすかったですね。とりあえず行政の人に現状を知ってほしいということがありましたね。

シングルファーザーに対する施策がなかった

村井　行政はシングルマザーに関しては結構施策があるのですが、木本くんのようなシングルファーザーには何もなかったのです。シングルで子どもを育てるということは同じで、男も女も関係ないと思うのですが、男の人は収入が多いからサポートは必要ないというような認識だったのですが、それはおかしいのではないかと。そういうのも含めて訴えていければと思っていました。「父子手帳を作ったら？」という提案もありましたね。

木本　まずはコミュニティーを作らなければならないのですが、それがなかなか集まらないのですよね。

長尾　まず行政は個人情報を出してくれない。父子家庭はどのくらいという人数までは出してくれるのです。その人たちにこういうことをやっているとお知らせしたいと言っても、それに対する個人情報は出してくれなかったので、それは思っているのと違ったなという気がしましたね。そこで父子家庭の人に僕らがやっていることを直接発信できたら、もっとスムーズにいけたのになというところがあって、そこがちょっと残念なところで、やり方を変えなければならなかったところですね。

木本　それがなかったから、京都青年会議所のつながりで料理教室も学校法人大和学園さまもOK出してもらったし、「裁縫どうしよう」とある会員さんに相談したら「新婚の奥さんて裁縫教室で習いますか？」という答えが返ってきた。たまたま㈲谷口シャツさんに行ったら協力していただけるということで。あとから出てきた掃除や洗濯にも皆さん協力的だったので。社会貢献してくれることがとてもありがたかったですね。

土坂　本当に皆さんのつながりが生きた事業になったなと思いますね。設立まで右往左往したにもかかわらず、設立したらもう一気に活動が進みましたね。

木本　ちょうど８月に京都市にNPO法人の設立を申請して、３か月はかかると言われたので、年内には設立登記できるのではないかと思っていた時に、村井さんのつながりで京都市役所に挨拶に行ったのです。その後にすぐに電話がかかってきて「父子家庭も融資が受けられるようになり、父子家庭を支えるような団体を探しているのですが」と言われたのです。京都新聞社が取材先を探していたのです。それで「取材を受けます」と対応して、市民版に載ると聞いていたのに、新聞の社会面にカラーで載ったのが、設立する１か月程前のことでした。

長尾　メディアでも注目度が高かったのですね。

木本　次男の雄祐が小学校から帰ってきて「お父さん、黒板に新聞が貼ってあってん」と言ったので、「えーっ！」っとなった。なんでそんなに大きく取り上げられたのか分からなかったのですが、その後もメディア

の取材が来て、口の悪い人は「隙間やな」と言いました。

土坂　NPOはそもそも制度の狭間や隙間を事業化していくので、それは褒め言葉でもあるのではないでしょうか。

木本　京都青年会議所の人もそう言いました。「隙間を狙ったな」って。「そんなふうに言わなくても、ただただ実体験を発信したいだけですし」と思ったのですが。

言葉に力があった

土坂　客観的に捉えて、京都いえのこと勉強会が発信する言葉には力がありました。それまで、ブログで木本さんがずっと発信を続けてらっしゃる中で、おそらく言葉が整理されていった後にNPO法人を設立されているのですよね。設立総会に参加させてもらったんですが、あの時点で既に今と同じ言葉を使ってたんです。

　これって本当に珍しいことです。10年間も同じ言葉を使い続けてる団体なんて、ほとんどないですからね。でも、設立の時からそのテーマとその言葉を使うと決めている団体って、本当に少ないんです。それがあったからこそ、取材を受けたときに記者にもしっかり伝わったんじゃないかなと思います。

長尾　それは富美子さんが亡くなってからずっと続いていた日々のブログ。そこには自分の中の想いがあったでしょうから、それが一番強いですよね。

土坂　その積み重ねがあった中でのNPO法人設立だったのですよね。

木本　発信していく中で本も読んでいただいて、それも口コミでした。そして、やっていく中でグリーフケアも出てきたのです。僕は子育てだけに役立つと思って自分の経験を話していたのですが、それがいろんなことに生かされるのだと分かってきましたね。

土坂　当初、長尾さんは「とりあえず木本くんには、いろんなところに話に行ってもらったほうがいい」とおっしゃっており、実際に10年間で138回の講演をされましたね。ここまでいろんなところから声がかかると思っていましたか？

長尾　やはりNPOを取得したことが大きいと思いますね。それがなかったら声はかからないと思いますね。そして、１回目、２回目の講演での皆さんへの伝わり方が良かった、心に通じるものがあったのだろうなという気がします。普通じゃないですからね、講演の回数が。

　宣伝をしているわけでもない中で、講演を聴いた人が「これは皆に伝えたい」「皆に知ってほしい」と思わせるプレゼンができていて、どんどんうまくなっています。パワーポイントの作り方・見せ方やテーマも、普通の人以上に準備をするでしょう？　１時間半の講演があったら、前日に１時間半かけて全て練習をするのですから。

講演前には一言一句覚えてリハーサル

木本　東京で講演をする時には新幹線の中で90分小さな声で喋ります。その前にも喋っています。僕らの師匠、そういう先輩に教えられたので。

長尾　僕らはそんなことしませんけれど、木本くんはこの日の講演で「これを60分で話してください」と言われたら、事前に作り上げて、前日にはオールリハーサルをして、当日もオールリハーサルをして、本番を迎えるのです。

木本　ほとんどそうですね。準備したとおりには話せないので、アドリブもありますが、準備しなかったことは一度もありません。

長尾　パワーポイントのスイッチの押し方一つにしても、きちんとできるのですよね。だから、見ている人も心地よく見て、聴き取ることができるでしょうね。それは誰にでもできることではないです。

土坂　そうですね。

長尾　それが一番です。

木本　一度勉強会でパワーポイントはないほうがいとおっしゃった講師がいたので、僕もパワポはないほうがいいのかなと思ったのですが、言葉だけでは訴えられない。ビジュアルがあれば紙芝居みたいに心に残るのです。僕はこんなやり方しかできないなと思って。

土坂　写真の効果もすごく強いですよね。

長尾　それがどんどんスキルアップ、バージョンアップしてきて、講演

によって入れ替えをして、リハーサルもして、それを百何十回以上して
いるのですからね。

木本　基本は講演に呼ばれると、行ける範囲の地域には行ってプレゼン
をします。そして、リクエストがあれば内容も入れ替えます。呼んで
いただくのですから、きちんと伝えたいのです。「そんな講師はいない」
と言われるのですが。

土坂　私もそんな話は初めて聞きました。

長尾　それくらい几帳面というか。

木本　それは先輩の教えなのです。京都青年会議所の事業でビデオを撮
影していた時に、先輩がやって来て「人前で話す時には、アーとか、エー
とか言うたらあかんねんぞ」と言われたのです。そして、「おまえは役
者か芸人のどっちや？　あんな、役者はな一言一句を覚えるやん。芸人
はアドリブもきくんや。おまえ、どっちや？」と、「僕は役者ですね」と言っ
たら、「なら、一言一句覚えるんやな」と。それからは、京都青年会議
所の卒業式の時も、社長の就任パーティーでも一言一句全部覚えました。

長尾　それが全部成功体験になっているのですよね。それをしたから、
きちんとできた。それで「木本くん、良かったよ」となってくるから、
全部成功体験で、それがあたりまえになってしまった。

土坂　素直なんですね。

長尾　素直だと思いますよ。だって、僕は木本くんより二つ年下なので
すが、木本くんに「仕事したほうがええんちゃう」とか、「こんなんし
たほうがええんちゃう」と言うと、それを素直に聞くのですからね。普
通だったらそんなことはないと思いますよね。自分に響いた時にはパ
パッと動くのが早く、その吸収力はすごいなと思いますね。とっても素
直です。僕は違うけれど（笑）。

木本　年上、年下ということより、どこかでリスペクトしているのだと
思います。それがなければ聞けないですよね。

木本さんを応援したい気持ちで人が集まった

土坂　設立総会の前の段階で皆さんが集まった時に、皆さんが木本さん

を好きで、木本さんご自身も信頼している方々が集まっているなあと何となく思いました

村井　だから木本くんを囲む会です。このNPO法人は。

長尾　僕らは父子家庭経験者でもなく、それで集まっているのではないNPOなので。最初言われましたよね「皆さん、父子家庭ですか」って。

木本　サッカーで言えば、皆さんはサポーターですと。僕が恵まれたのは、「年会費5,000円です」と言うと、そんなの集まるわけないと言われたのですが、1回飲みにいくだけのお金の半分以下ですと言うと「それなら出すわ」と。

村井　彼が何かしたいと思ったら、彼のために何かしてあげたいなと思わせる人だよね。それだけのことを人にしている、人のために一生懸命やっているから。何かあったら助けようかと、それは彼の人徳だと思います。

土坂　村井さんも関わられた時から運営をサポートするというより、木本さんを応援したいという想いでしょうか。

村井　そうですね。まずそれですね。僕は奥さんが病院で最期の危篤の時から知っていて。この後どうするのかと。まだ下の子も小さくて、うちの娘と同じ歳だったのでね。

長尾　NPOでなくても、それ以前から木本くんを囲む会なのですよね。見守る会のほうが正しいと思うのですけれどね。積極的にお手伝いをすることもないし。木本くんが言ってくることを聴くというのはしていたかな、それがたまたまNPO法人の設立につながっていっただけという気はしますね。とても自然な形で人も集まりましたしね。

木本　自分は京都青年会議所の委員会のノリでいったから、相談もしやすかったのですよね。それがたまにしか会わない人だったら相談しにくかったと思うのです。

長尾　奥さんが亡くなられて大変な時には、普通だったら電話をする時間もないのですが、ほぼ毎日電話をしてしゃべっていたのですよね。

土坂　しみセンの「スモールオフィス」（※NPO・市民活動団体のためのインキュベーション施設）にも結構来られていましたね。

木本　その当時は貯金もあったし、パートの仕事をして、子ども中心の生活をしていたのでね。

土坂　それでも「今からPTAだ」と帰っていかれるので。

長尾　そのPTAも、お世話になったからという気持ちでしているのです。

土坂　そうそう。PTAに関わったら、そこでもいろんな声をキャッチして吸収して、また事業にフィードバックされているのですよね、木本さんは。

木本　一つ言われたのが「亡くなった奥さんの売名行為ですか」と。それはびっくりしたけれど、そういう人もなかにはいました。それだけがショックでしたね。

長尾　自分がしんどいから仕事も辞めてこうなっているのに、ちょっと落ち着いたらPTAに行くのは、子どものためであり、お世話になった人のためであり。たぶんそこで聞いた言葉を木本くんは僕らに電話で話すことで、どんどん自分の中でブラッシュアップしていたのです。

土坂　そうですね。私もいろんなお話を聞かせていただきました。。

長尾　皆にその話をすることで、それを自分のものにしていくのです。

土坂　本当にそうですね。

子どもの声も、父親の声も聴け

木本　うちの親も片親という言葉を使っていたけれど、これは子どもに先入観を植え付けているのではないかと思います。「片親だから行儀がわるい、躾ができていない」とか。そう言う親があまり好きではなかった。それが、自分がなってみたら「ひとり親」という言葉になっていました。これは少し響きがいいですね。

　そこにシングルマザー、シングルファーザーという言葉も出てきたけれど。それはいけないのか？　そんなことはないだろうと。途中から気にならなくなっていましたね。自分をシングルファーザーだとは思っていなかったのですね。

長尾　最初の父子家庭の勉強会には、4、50人の参加者がいて、その時にいろんな人に登壇してもらったけれど、その中に「子どもの声も、

父親の声も聴け」という言葉を言った方がいました。

木本　たまたま死別のひとり親家庭で育った方と離別の家庭で育った方がいらしてね。事前に聞いていたので「それを話してください」と言ったのです。

長尾　聴くほうも姿勢を正して聴かなければいけないぐらいのことを登壇している方々が言ってくれるので、非常にインパクトがありましたね。実録というか、ドキュメンタリーというか。セミナーなのに。

土坂　父子家庭で育った子どもの声を大切にしなければいけないという視点で、そこに目を向けられるのも木本さんならではだと思っています。

木本　母子家庭で育った女性と育てた母親の先輩からは、「子ども目線で育ててあげてください」と言われました。ブログにもそのようなコメントが来たのですが、「それはどういうこと？」と初めは意味がまったく分からなかったのです。何年かして「子どもを想って仕事を辞めたのでしょう。あなたのやっていることは間違ってへんで」と言われました。そう言われた時にハッと気づいたのです。僕が講演などで話していることは親の想いであって、一方通行でしかないと。勉強会を始めるにあたっては、まずは発信が大事だと思ったから、そこで育った方に話してもらうのが一番だと思ったのです。そうしたら、たまたま出席者にいらっしゃったので、不思議な巡りあわせですね。

長尾　何か引き寄せる力があるのですね。何かをしたいなと思った時にそういう人を引き寄せてくるような。

土坂　そうですね。

木本　ありがたいことに皆さん喋りますと言ってくれたのです。そこにメディアが来たので、それも大きかったですね。そこで死別父子家庭がNPO法人を作ったのは2例目ということを初めて知ったのです。

長尾　当時はシングルファーザーというよりも、イクメンという言葉が流行していた頃で、そっち側に行くのは違うよなと。

木本　僕はイクメンじゃなくて、ガチメンですけどね。

土坂　NHKの番組「ウワサの保護者会」に出演された時にも、最初はイクメン的な捉えられ方をしていたので、新番組「おとなりさんはなや

んでる」でようやくシングルファーザーとしての生活を切り取ってくれていると思って。こうなるまで長かったなぁと思いましたね。

長尾　時代がそういう時代でしたね。シングルファーザーなのに、ただのイクメンとしてしか取り上げられなかった。それは違うなと。

死別と離別ではケアの在り方が違う

木本　父子家庭でも離別、死別があるので、そこをひと括りにはできないと僕はすごく思いました。

土坂　実はそこは、私も理解が及んでいなかった部分でした。同じシングルファーザーでも、離別か死別かによって子どもへの影響も違っているため、ケアの仕方も違ってきます。私は木本さんに言われて初めてそのことに気づきました。

木本　それも最初から分かっていたのではなく、活動をしていったら「ああ、そうやな」と思ってきたのです。2 回目の勉強会では、参加者さんから「離別でも喪失感はありますよ」と言われたのですが、どういう状況であっても僕らは離婚届けに判子を押していないので、一緒にしないでほしいという声は死別の父子家庭からは絶対に上がってくるはずです。京都市も京都府も母子家庭でも揉めるのはそこだと言うのです。そこはなかなか理解されないのですよね。子どもへのケアも全然違ってきますしね。

土坂　木本さんがある時から「グリーフケア」という言葉を前面に出して使われるようになりました。グリーフケアって、これまでの市民活動支援の文脈では、シングルファーザーやシングルマザーといった言葉と一緒に使われることはなかったと思うのです。

木本　最近携わることが多いグリーフケアですが、アカデミックなことは先生ではないのでお伝え出来ない。遺族とし経験したことをお伝えするのでリアリティである。。自分の経験を伝えることは答えではなく、ヒントでしかない。父子家庭の人でも答えを求めに来る人が何人かいらっしゃいます。だから、僕は言ったのです「答えを求めていらっしゃいませんか？ 僕からは答えは出ません」と。僕は経験しか伝えられな

いので、ヒントはたくさんあるかもしれないけれど、僕からは答えは出ない。「そのヒントをどうされるかだけですよ」と。

土坂　木本さん以外のシングルファーザーの方からお話を聴くことはありますか？

長尾　ありますね。シングルファーザー一人ひとりのご自身の捉え方で、こんなにも違うのかなと感じます。

木本　離別と死別を一緒にすることは、僕は危険だと思います。「気持ち分かるわ」と言われた時に「何が分かんねん」とプチッとなります。だから、僕のところには死別の方の相談しか来ません。

「京都いえのこと勉強会」10年の歩み

土坂　「京都いえのこと勉強会」の10年は、木本さんが直面してきたケアに対する応援の歴史だったのかなと思うのですが、10年間かかわってこられて村井さんはケアに対する考え方が変わったりしましたか。

村井　よく考えるのは、自分が木本の立場だったらどういうことができるのだろうと。子どもが3人いて一番下が乳飲み子に近い状況だったら、自分には絶対に無理だろうなと。

「ほんまにようやっとるな。スーパーマンちゃうか？」と思っています。そして、シングルの人に対する見方はだいぶ変わったと感じますね。そして、初めにも言ったけれど、母子家庭とは違って父子家庭はハンディありすぎるのではないかというくらい行政の補助がない、ハードルが高いなと。

　あっという間の10年で、どんどんいろんなところに講演に行けるようになって「そういうふうになったらいいな」と言っていたことが、どんどん自然に実現していった。講演会にしても「それで生計が成り立つようになったらええやんか」と言っていたのですが、それも実現させて、ベストファーザー賞も受賞してね。

木本　講演だけで生計が成り立てばいいですが、そこまではまだです。しかし、本当に講演に呼ばれる機会が多くなっています。5年前の講演のその後が聴きたいと2回目に呼ばれることがあったり、書籍が出版さ

れた頃までの前編とその後の後編で話してほしいなど。東京都昭島市の講演では皆さん前のめりで真剣に聴いてくれて、2回目の講演に行ったらファミリー感いっぱいで、感想ももらいました。

土坂　一度話を聴くと、身内のような気持ちになって。一緒に子どもの成長を見届けているような気持ちになるのですよね。会場がシーンとしているのも、木本さんの講演独特で、「知らなかった」と息を飲む感じの講演ですよね。

木本　当初、四日市の方が講演してほしいと20人でバスで京都まで来られて、「四日市で広めてあげるわ」と言ってくださって、2回くらい行きました。だんだん人数が増えていき、民生委員設立100周年の基調講演の500人になりました。むちゃくちゃ有難かったですけれど、人数が多すぎると暗転して皆さんの顔が見えないので、多くても200人までがいいですね（笑）。

土坂　民生委員さんは女性が多いので、女性のことは分かっても父子家庭のことは地域の中でも見えなかったりしますものね。

長尾　もう途中から母性が溢れ出ていましたからね。

木本　自分の脳が仕事脳から母親脳になってきたことを感じましたね。それをいつも確認してくれるのが、ママ友でしたね。

土坂　スモールオフィスに出勤してきた時にも「ママ友がな」という話しを毎回聴いていました。

長尾　僕らが万が一そうなった時に、女性ばかりのママ友の中に入れるだろうかと思いますね。やはり構えるじゃないですか。そこを構えないのがすごいのですよね。

木本　ＰＴＡの活動に行っても話を聴きたい方が寄ってきてくれます。でも、頼りすぎず、委ねすぎず、距離感を大切にしています。結局、子ども同士につながりがあるので、それが大事ですし「奥さんにはお世話になった」という人は信頼できましたね。

土坂　子どものお母さんたちとつながり、グリーフケアや民生委員ともつながり、子どもの視点から考えることもできて、メディアにも出て、いろいろできた10年間でしたけれど。

長尾 新型コロナ禍の3年がなければ、まだまだ発信ができていたと思いますね。

木本 新型コロナ禍の前に本が出版されて、講演が30本くらい増えました。だから調子に乗るなということかもしれない。ちょうどその頃に腰を痛めて、講演で立っていられない、家で料理もできないという状態になりました。

村井 ちょうどいいタイミングで、新型コロナ禍で講演もできない状況の中で、入院して手術をして、元気になって退院してきたのですよね。

木本 電話で話した時に村井さんは「コロナで3年くらい世の中あかんぞ」と言っていました。今から思えば凄いですね。講演ができなくなってしまったら、今度は某生命保険会社さんからオンデマンドの講演を5か所で流すという話が来て助かりました。

長尾 リモートにすることで全国の人と勉強会ができるようになり、対面でなくても一緒に勉強会ができるようになったことは、新型コロナ禍ならではのいい面でもあったのかなと思うけれど、木本くん本来の圧というか……。

土坂 会場全体が息を飲む感じというのは、直接対面でないと感じられないかもしれないですね。

木本 確かに。非常勤講師をしている上智大学グリーフケア研究所人材養成講座や京都ノートルダム女子大学の講義がリモートになったのですが、何人かの感想に「波動が感じたかった」「これは生で聴きたかった」とありました。あと、ビデオの講義では「90分がドラマでした」「引き込まれました」との感想も多くありましたね。

土坂 父子家庭を題材としたドラマや映画、漫画、書籍もあるのですが「これはドラマだから」とどこか他人事にように感じてしまうものです。本当にリアルなところを発信するには、ブログでは届けきることができないように感じます。

長尾 それはそうですね。でも、NPO法人を設立している途中くらいからかな。子どものおむつや洗濯やなんやかんやと言いながらも、木本くんは楽しんでいたのです。木本くんは一つひとつできるようになるこ

とが楽しかったようなのですが、できないことも楽しんでいた。

木本　京都青年会議所の研修会に行く。2 週間後に開催されるフォーラムがあり僕らは 2 人で夜中にパワーポイントを作っていたのです。しんどいのだけれど、今までできなかったことがひとつずつできていくことが、めちゃくちゃおもしろかったし、家事は慣れていったら、時短になっていった。時短になることは、めちゃくちゃ楽しいのです。

土坂　そういえば「料理に彩りが増えてきた」とか、言っていましたね。

長尾　一つひとつできるようになることを楽しんでいた。楽しんでいたことを含めてのブログ発信だったのですね。

木本　講演で学生から「子どもは足かせになりませんか？」という強烈な質問があって「そんなことはぜんぜん思ってへんで」と答えたのですが、大人からも時々「子どもがいなかったらもっといろいろできたと思いませんか？」という質問がありましたが、子どもがいなかったらなんて考えられないことでした。僕はチームだと思っていたので、男子寮の寮長みたいなね。

土坂　正直私は、男の子ばかりでよかったなと思うことはありましたね。

木本　女の子がいたらヘルプもしてもらえたかもしれないけれど、一緒に風呂も入れないし、身体の成長についてもママ友に尋ねなければならなかった。それは聞きにくいですしね。

土坂　女の子は家庭や社会の状況を察して、家事を手伝うのだと思います。

長尾　勉強会でもいましたね。その家庭に女の子がいると、全部その子に押し付けられてしまうと。「○○ちゃん、お母さんの代わりを頑張ってね」と言われてしまうのですね。

木本　京都市のヤングケアラーの担当の方に「父子家庭の子は、下手したらヤングケアラーではありませんか？」と尋ねたことがありました。ヤングケアラーには定義がないのですよね。

　我が家の三男は「高校生でこんなに家事ができるやつおらんぞ」と言いますね。家庭科では自分はできるからプラスですし、次男も見様見真似で料理ができるので、それもプラスです。マイナス面だけではないの

ですよね、絶対に。

　僕が入院した時も、長男が就活で帰ってきていた間は３人で、残りの２週間は次男と三男の２人留守番でした、病院に事情を言って１週間退院を早めてもらったのです。退院時にはコルセットをして帰宅。帰った瞬間に何にもしなくなって……「どういうことやねん」と。

長尾　子どもは子どもで、ちゃんと成長しているのですね。

木本　もちろんマイナス面は大きいですよ、母親がいないということで。他の家と比べたらね。しかし、そんなことは言ってられないので、戻ってくる訳でもないしね。奥さんと死別して子どもがいる方が再婚したという情報ももらうのです。一度、仕事はできないし、下の子は小さくてかわいそうだし、本当に婚活をしようと考えたのです。ＰＴＡに妻の小・中学校の先輩が「再婚は誰のためにするのですか。ご自身のためなら応援するけれど、仕事やお子さんのためなら、いけませんよ」と。

　それを言われた瞬間に僕は何も言えなくなり、やめようと思いました。たくさんいろんなことを言われて、皆気遣ってくれて、それは分かるのだけれど、僕は僕で「それは必要ないかな」と思っていたりしたし、自分の思うことと他人さんが思うことは、少しギャップもありました。これがまた嫌いな人から言われるとプチッとくるのですよね（笑）。

今後への課題

土坂　10年間でいろんなメディアに取り上げられましたが、父子家庭

のコミュニティーがなかなか京都でできません。父子家庭のリアルは発信できて、京都で父子家庭といえば「京都いえのこと勉強会」というイメージが定着しましたが、もう少しここをやりたかったなというところはありますか？

村井　僕はせっかくNPO法人を立ち上げていろいろな活動ができて、父子家庭の発信ができている中で、父子手帳は本当に作りたかったですね。データがあればポスティングもできるけれど、個人情報は教えてもらえないので。僕らが勝手に作って区役所の窓口に置いてもらいたかったけれど、できないということで、それは残念でしたね。

　彼が経験したことで役に立つことをまとめているし、冊子があったらいいなと思いましたね。一方で、やはり男女は平等ではなかったと思うのです。

長尾　それなのに、行政は母子も父子も一緒のひとり親という括りに変わってきましたね。冊子を作るなら、ひとり親手帳になるのかとかね。時代は間違いなく男女平等へと進んでいき、育児も男女平等というようになって、それはあたりまえなのですけれど。この10年で世間的にも変わったなと感じます。ひとり親、とりわけ父子家庭として発信をしなくてもいいようになってきているのかなとも感じますね。

土坂　京都ならではの課題として感じるのは、京都は中小企業がとても多く、個人事業主も多いことですね。中小企業の経営者や個人事業主が父子家庭になった時にはとても影響が大きくなります。

　従業員として雇用されている方が父子家庭になるのと、そうではない立場の方が父子家庭になるのでは、困りごとの内容もかなり違うと思っているのです。

　ずっと10年間活動を見てきて、他の地域の情報も見ていると、他の地域では祖父母がいて三世代で住んでいるとか、大阪であればご近所さんが預かってくれたり長屋ができたりと、地域にあるリソースを使って支援ができるけれども、京都では父子家庭支援は難しいのではないかと思っていて、そういう背景をあぶり出せた感じはしましたね。。

木本　料理や裁縫とは別にコミュニティーを作って、お父さんばかりを

集めた懇談会をして、子育ての悩みを話したりしたらよかったですね。そこにはお母さんがいてもいいと思うのですけれど。

　結局話を聴いていくと、週末だけのシングルファーザーは多かったです。平日は親に預けていて。でも、結局は自分でやらなければならないのです。親が歳をとったらダブルケアになってしまいますね。

　相談されても答えられないこともありますが、情報をもらえるつながりがあることが一番いいのではないかと思います。誰かが道しるべにならなければいけないと、途中から思っていました。

　僕らはそれをメインにしていなかったけれど、法人名に京都を入れていたので、もう少し行政がそれをうまく活用してもらえたらよかったですね。生の声は必要ですよね。

長尾　最初に父子家庭のいろんな声を聴いて、支援をしてくれる企業の事例を聴いて、そこから雇用を守ることにつなげることができれば、一番よかったのかなと思います。それには個人情報がないとつなげられないということもありましたね。

木本　男性が育休を取得するようになってきたのは、僕らが言っていることにやっと時代が追いついてきたのだと感じます。ＳＤＧｓに「貧困をなくそう」とあります。

　ひとり親の子どもは貧困だとメディアが伝えますが、全員が貧困ではない。シングルマザーの方からは、シングルになった途端に子どもが貧困だと言われるのはおかしい、それを言ってと言われます。

　子どもを貧困にしないためには、ひとり親のお父さんお母さんの雇用を守ることが非常に大事なのです。それが中小零細企業が多い京都ではなかなか難しい。でも、それは課題として対応しなければいけないと思っています。お金があっても子育てはできないです。それは僕らが最後に提言できることだと思っています。

　あとは、父子家庭が終わったら僕らを何と呼ぶのかです。寡夫とは呼べないから、女性の寡婦に入るのか。この時代はまだ父子家庭と母子家庭は一緒ではありませんし、これは法律としてもおかしいと感じるところですね。

　ただ、懇談会のようなことは行政と一緒にやりたかったですね。リアルに子育てをやっていたから意味があったと思うのです。子育てが終わってからでは価値が下がるように思います。本当に実務をやっていたからおもしろいし、いろんな声が聴けたのだと思います。

土坂　行政の制度が整えられるスピードと子どもが成長するスピードが合わないというか。NPOは10年やって実績が出てきたところでようやく何かの委員会などに呼ばれるようになるのですけれど、残念ながらもう子どもたちは育ったということなので。

木本　皆さんにもったいないと言われるけれど、当事者として最後までやりたかったし、当事者でなくなったら僕はあまり意味がないと思います。

村井　説得力がないですよね。

長尾　本当に必要なものでもないかもしれないですね。

木本　そこにも気づいたほうがいいですね、行政は。

長尾　リアルな世代に出てきてもらいたいけれど、そこに出てきてくれる人を見つけるよりは、ついそこに頼ってしまうのではないでしょうか。委員会には、きちんと実績があって名前がある方を入れたいということですね。

長尾　このNPOは走り抜けるからよかったのかもしれないですね。期間としてのゴールを持ったなかでやると決めているから推進力があったのかもしれないなと。

土坂　あとはこの団体がなくなったあとに、本当にここが必要だったのだと５年後とかに誰かが思ってくれたら、また次の団体が生まれるかもしれないですしね。

長尾　その時のシングルファーザーが木本くんのやっていたことを知って「こんなに苦労をされていたのか。僕らにはあたりまえなのに」と思うくらいの人が出てくるかもしれないし。木本くんは木本くんのやり方があり、若い人にはまた若い人のやり方が生まれる。

土坂　今の20代の父親で沐浴ができない人はほぼいないですしね。

長尾　僕はおむつを替えたことがないのに。

土坂　たぶんそういう人はもう20代にはなかなかいないと思いますよ。

木本　京都青年会会議所の家族例会が国際会議場で開催された時に、長男は1歳でした。私がおむつを替えたのですが、珍しかったのか何人かの奥さんが「いや、おむつ替えてはる、あの人」と言っていましたね。

村井　僕はできたけれどな、おむつ替え。

土坂　もう今や男の人が赤ちゃんを抱っこして歩いていているのが当たり前の光景になりましたしね。

木本　家事はいえのことですし、手伝うのではなく一緒にやるものというフレーズに、皆そのとおりとおっしゃいます。

長尾　うまく名前を付けましたね「いえのこと勉強会」って。「お父さんの〜」とか「シングルファーザーの〜」ではリアルではなかったですよね。

木本　この間あるお母さんから、単身赴任で今ひとり暮らしをしている夫が、それまで何もしなかったのに家に帰ってきたら家事をやるようになったのだけれど「何でやらはるのだろう？」と言われたのですが、「ああ、それは家事からいえのことになったんちゃいますか？」と答えました。家事は手伝わなければならないことですが、いえのことは自分がしなければならないことです。

長尾　僕もやりますよ（笑）。

同じような立場の誰かの一助に

土坂　10年間活動をされてきて、いかがでしたが？

長尾　ある意味、元々木本くんを応援する会のようなものですが、僕らも経験できない「いえ」のことを一緒に習ったり、父子家庭の現状を初めて見せてもらうことで、本当にすごく凝縮された10年だったと感じます。

　このまま終わってしまうけれど、来年からどうしたらいいのかという気持ちですね。木本くんの子どもたちは自分の子どものように見ているので、そういう意味では一緒に育てているという気にはなっていますね。楽しかったし、それは苦しみがあっての楽しさでした。途中から理事

長がなんでも1人でやって、どんどん大きくなったNPOでしたけれど、最初は楽しかったよねという感じです。

村井　凝縮したドラマを観ていたような。僕らは最初、講演で食べていけるようになって、本を出版して、最後は映画になったらいいなと言っていましたけれど。今度長男も結婚しますし、一番下の子も18歳で成人です

　だからひとつの節目として、これはこれで良かったのではないかと思いますが、もったいないなという気持ちもあります。また違った父子家庭ができるとは思いますが、彼は彼なりに3人の男の子を育て上げてやってきたのですが、それぞれが違う関わり方をしながら、彼が発信し続けてきたことが今後彼と同じような立場の誰かの一助になったらと思います。少し寂しい気もしますけれどね。ただただおつかれさんと言ってあげたいですね。

長尾　木本くんもこのNPOを通じてどれだけの人に発信できたかなと思うと、すごい人数になるでしょうね。

土坂　私も最後にこの10年を思い返していたのですが、京都に限らず全国のNPOは当事者が立ち上げることが多いのです。それは当事者の方が同じ当事者性を持つ方々と集まって作るNPO法人です。

　生活をしながらの活動ですから、本当に当事者の方々が血の滲むような努力とともに、時には心無い意見を受けながらも発信をしていかれるのです。しかし、この「京都いえのこと勉強会」は、当事者の木本さんをサポートする体制がすごく整っていた団体だったなと思っています。

　こういうのは他では見たことがありませんでした。当事者の木本さんと当事者ではない方が集まり、その方々が経営者でもあったことで、京都のいろいろなところとのつながりを持って木本さんが発信する環境を整えてこられたことは、すごく価値があることだったなと思います。一つのモデルですよ。

木本　僕としては、第三者の理解者がたくさんいらっしゃったことが一番大きかったです。何かあった時にもそのままの経緯を僕に伝えてくださいましたし、当事者ばかりが集まってもできなかっただろうなと活動

をしながら感じていました。

　当事者は一人ひとり違っていますので。それを認めていかなければならないのでしょうけれど、それはたぶん僕にはできないでしょう。皆さんがサポートしてくださるのですが、その都度その都度に必要な方がいてくれたことが大きかったです。

　理事、正会員メンバー、サポーターはもちろん、つながってくれたママ友や行政の方々、べったりな人はいないのですが、必要な時には出てきてくれたことが大きかったですね。他の方からは、法人格を取得しているのはすごいですよと言われましたし、全国展開をしていなかったのもよかったのではないかと思います。

　こうなるだろうなとは思っていましたが、こんなにも広がるとは思っていませんでした。地道な活動が実績になっていった、それを認めてもらえるようになったというのはすごく感じていました。

　そして、最後に究極の発信は、本をもう１冊出して、映画化。これはやならければならないのではないかと思っています。

長尾　今度は自費出版ではなく、自主映画にしましょうか。

木本　クラウドファンディングで集まったお金で、３月までには書籍が発刊されます。また、父子家庭ばかり10人の本の企画も決まっているようですし、今、自分も書いているので、今年度中に３冊出るかもしれません。そうして、これまでやってきた活動が注目されて、父子家庭にスポットが当たったら、それは一番いいことなのではないでしょうか。何度も言いますが、僕は父子家庭の代表ではないですし、ただ３人の子どもを育てたお父さんでしかないのでね。

土坂　解散された後で、その成果ががどんなふうに花開いていくのかは、私も引き続き楽しみにしていきたいと思っております。

（2024年７月２日収録）

お わ り に

　最後まで本書をお読みいただき、誠にありがとうございました。

　この本は、クラウドファンディングを通じて多くの方々に支えられ、完成することができました。このプロジェクトを通じて、改めて感じたのは、人と人とのつながりの力です。一人では成し得なかったことが、皆さまのお力添えによって形となりました。心より感謝申し上げます。

　本書には、「NPO法人京都いえのこと勉強会」が10年間にわたり取り組んできた活動をまとめています。この一冊を通じて、少しでも父子家庭の現状を知っていただき、今後の父子家庭支援に役立てていただければと願っています。

　父子家庭の方々の中には、「話を聞いてほしい」「寄り添ってほしい」という気持ちがあっても、プライドが邪魔をして言葉にできない方が多くいます。また、「父子家庭は仕事があるからお金に困らない」と思われがちですが、実際には、お金があっても子育ては簡単ではありません。私自身、そうした思いがなかなか理解されなかった経験があります。

　活動を続ける中で、「本当に父子家庭の支援ができているのか？」と問われることもありました。年間の事業回数が2〜3回という限られた中では、十分な支援ができているとは言えないかもしれません。しかし、ある記者の方からこう言っていただきました。

　「発信こそが一番の支援です。当事者の方々も救われ、元気をもらっておられると思います。活動されていることは何ら間違っていません」

　この言葉に大きく励まされました。そして今回の出版もまた、父子家庭の現状を伝える大きな発信となると信じています。

　今後、NPO法人は解散しますが、形を変えながら講演会の開催や他の活動を通じて、少しでも皆さまのお役に立てるよう努めていきたいと考えています。本当にありがとうございました。またどこかでお逢いできる日を心より楽しみにしております。

　2025年1月吉日

　　　　NPO法人 京都いえのこと勉強会　理事長　木本　努

【クラウドファンディング支援者一覧】

あ　赤木南洋／㈱アクシュ／安司真哉／

い　猪刈博伸（㈱ダスキン大河原 代表取締役）／稲田力

う　上田隆樹（北海道シングルパパ支援ネットワーク「えぞ父子ネット」代表）
　　／宇田毅／梅原克彦

お　おうちカンパニー㈱／岡﨑拓也／岡真裕美／岡村充泰／ Masayoshi Ogino

か　梶原純司／D川西／神田真希

き　岸本真弓／木田隼人（伊和志津神社）／木村結乃／清田千鶴

く　久保 文孝／黒木泉

こ　小山

さ　坂本里美／ Mika Sakima ／佐竹洋吉

し　渋川あゆみ／進藤善登（福岡パパエンジェルス）

す　鈴木考彦・諭子

せ　関真介／千賀淳

た　一般社団法人髙橋聡美研修室／瀧 源志郎／竹内浩／ダスキン福岡中央加
　　盟店会／ダスキン蒲郡／ダスキン熊本／多田裕昭／田中良樹／田中充

な　中井隆栄／中野恵介／中山誠

は　波木井卓／橋本好治／伴朋子

ひ　人見康裕／平岡弘行

ふ　福永荘三

ま　松居洋一（クリーニングぴぃぷる）

み　みんなのしあわせがわたしのしあわせ

む　室田眞吾

も　森井大輔

や　薮下敏也／山田亮（家事ジャーナリスト）／山本憲悟

（五十音順。表記はクラウドファンディング申込時のもの）

NPO 法人京都いえのこと勉強会

理 事 長	木本　　努		事 務 局 長	長尾　泰征
副理事長	村井　孝次		正 会 員	北岡ちはる
副理事長	福井　正興		正 会 員	中西　一之
理　　事	石井　英治		正 会 員	服部　章司
理　　事	今西　政博		正 会 員	山本　典芳
理　　事	木村　和也		正 会 員	若林　智幸
監　　査	梅原　克彦		研 究 員	岡田紗弥香

父子家庭とともに歩んだ10年

～挑戦と共感の記録～

令和7年2月10日　初版第1刷

編　者	NPO法人京都いえのこと勉強会
発行者	梶　原　純　司
発行所	ぱるす出版 株式会社

東京都文京区本郷2-25-14　第1ライトビル508　〒113-0033

電話　(03)5577-6201　FAX　(03)5577-6202

http://www.pulse-p.co.jp

E-mail　info@pulse-p.co.jp

本文デザイン	オフィスキュー／表紙カバーデザイン　㈱WADE

印刷・製本	株式会社エーヴィスシステムズ

ISBN 978-4-8276-0283-8　C0011